WILLIAM MORRIS
& LA VIE BELLE ET CRÉATRICE

WILLIAM MORRIS
& LA VIE BELLE
ET CRÉATRICE

PAR FLORENT BUSSY

PRÉCURSEUR·SES DE LA DÉCROISSANCE
LE PASSAGER CLANDESTIN

Éditions le passager clandestin
3, rue Louis-Le-Pitre
56100 Lorient
www.lapassagerclandestin.fr

Direction de collection : François Jarrige et Hélène Tordjman
Couverture : Ferdinand Cazalis
Corrections : Vladimir Sichler

PRÉCURSEUR·SES DE LA DÉCROISSANCE

Le concept de décroissance est relativement récent. Volontiers provocateur, il est avant tout un slogan politique dont la finalité est de nous faire retrouver le sens des limites. Il s'agit de mettre l'accent sur l'urgence d'un constat : une croissance infinie de la production et de la consommation matérielles ne saurait être tenable dans un monde fini.

Mais, derrière cette idée de décroissance, il y a plus qu'une provocation. Une réflexion et une pensée sont en effet en cours d'élaboration. Dans un travail de recherche collectif, portant autant sur l'économie que la philosophie, l'histoire ou la sociologie, des intellectuel·les et des universitaires un peu partout dans le monde entreprennent de mettre au jour les principes et les contours de la société d'abondance frugale qu'ils et elles appellent de leurs vœux.

Fondée en 2013 par Serge Latouche, l'un des principaux théoriciens français de la décroissance, la collection des « précurseur·ses de la décroissance » est aujourd'hui dirigée par François Jarrige et Hélène Tordjman. Elle a pour ambition de donner une visibilité à cette réflexion en cours et à ses racines.

À toutes les époques, des esprits lucides et critiques ont en effet fustigé la croissance infinie et se sont levés contre l'idéologie du Progrès. À travers la présentation de certaines de ces figures de la pensée humaine et de leurs écrits, célèbres ou plus confidentiels, les petits livres de cette collection livrent ainsi à un large public aussi bien qu'à un lectorat averti des clés théoriques et pratiques pour mieux penser notre époque et réenchanter le monde qui est le nôtre.

Une collection qui veut montrer que le projet de décroissance n'est pas un retour à l'âge de pierre !

Une collection qui souhaite surtout contribuer au développement de l'un des rares courants de pensée capables de faire pièce à l'idéologie productiviste qui structure aujourd'hui nos sociétés.

Plongez aux origines de la décroissance !

Historien, enseignant-chercheur à l'université de Bourgogne, François Jarrige s'intéresse depuis longtemps à l'histoire des pensées critiques et à la décroissance. Il a notamment publié *Technocritiques* (La découverte, 2014), *La contamination du monde* (avec Thomas Le Roux, Seuil, 2017) et *Face à la puissance. Une histoire des énergies alternatives* (avec Alexis Vrignon, La découverte, 2020).

Économiste, enseignante-chercheuse à l'université Sorbonne Paris Nord, Hélène Tordjman s'intéresse aux chemins par lesquels l'économie modèle le vivant et à la décroissance. Elle a écrit *La croissance verte contre la nature* (La découverte, 2021).

PRÉSENTATION

QUELQUES REPÈRES BIOGRAPHIQUES

1834 : Naissance de William Morris le 24 mars dans l'Essex, dans une famille aisée. Il passe son enfance dans des propriétés boisées et arpente la nature avec délectation.

1853 : Il entre à Exeter College, à Oxford, et rencontre Edward Burne-Jones qui sera son ami pour la vie. Il commence des études de théologie, qu'il abandonnera en 1856 pour étudier l'architecture.

1854 : Il voyage en Belgique et dans le nord de la France où il visite les cathédrales d'Amiens, de Chartres et de Rouen, qu'il admire.

1855 : Il hérite d'une part des actions de son père, le mettant à l'abri du besoin.

1856 : Délaissant l'architecture, il décide de se consacrer à la peinture, sous l'influence de Dante Gabriel Rossetti, peintre préraphaélite.

1857 : Morris rencontre Jane Burden qu'il épouse deux ans plus tard.

1859 : Création avec Philip Webb de la Red House à Bexleyheath, près de Londres, qui est la première manifestation du mouvement des Arts and Crafts. Ses amis peintres en assurent la décoration.

1861 : Création à Londres de l'entreprise Morris, Marshall, Faulkner and Co, spécialisée dans l'ameublement et la décoration d'intérieur. Morris crée de nombreux motifs de papiers peints (plus de 600).

1875 : Morris devient le seul propriétaire de la firme renommée Morris and Co, qui prospère rapidement.

1876 : Morris s'intéresse vivement aux questions politiques et s'engage auprès des ouvriers.

1877 : Création de la Société pour la protection des bâtiments anciens pour s'opposer à la destruction de nombreux édifices ou à leur restauration selon des standards inadéquats.

1881 : Il commence à donner des conférences à destination des ouvriers un peu partout dans le Royaume-Uni.

1884 : Il fonde la Socialist League avec Eleanor, une des filles de Karl Marx. La ligue se divise rapidement entre parlementaristes (désireux de participer aux élections), anarchistes et partisans d'un socialisme étatique.

1890 : Publication des *Nouvelles de nulle part*, son grand roman utopique. Le livre est aussitôt traduit en huit langues. Morris quitte la Socialist League après la prise de pouvoir par les anarchistes et crée la Hammersmith Socialist Society.

1891 : Création de sa maison d'édition, Kelmscott Press.

1896 : Le 3 octobre, il meurt à Londres de la tuberculose.

William Morris (1834-1896) est un auteur peu connu des lecteurs français. Depuis quelques années toutefois, certains de ses textes ont été traduits ou réédités. En revanche, c'est une figure célèbre en Angleterre, plus d'ailleurs par ses travaux d'artisanat que par ses ouvrages littéraires ou ses engagements politiques.

Morris s'est résolument opposé à la destruction des villes et des campagnes à la fin du XIXe siècle, sans se couper pour autant du monde ouvrier : il voulait contribuer à le libérer de ses chaînes en montrant la fausseté des bénéfices du développement de l'industrie, qui s'accompagne de la dégradation des cadres de vie et d'une nouvelle forme d'esclavage et de paupérisme. Il peut ainsi être considéré comme un précurseur de la décroissance. Il s'agit aussi d'un auteur très actuel, puisqu'il aborde les contradictions inhérentes au capitalisme et à la liberté du commerce, capables d'assurer l'abondance au seul prix d'une production illimitée, alliant mauvaise qualité des produits, gaspillage et luttes pour l'appropriation. Notre société de consommation, entrée en crise depuis plusieurs décennies, pourtant ignorée de William Morris, est rendue intelligible par son œuvre, qui est une ode à la convivialité, à la gratuité, à l'épanouissement personnel, à l'amour du travail bien fait et à la beauté.

Il est donc loisible et souhaitable, pour nous qui sommes arrivés au point culminant de ces destructions et de ces crises, de lire William Morris comme un penseur de notre temps, un auteur qui nous permet de faire un pas de côté et de nous représenter ce que nous sommes[1], les illusions dont nous sommes victimes, les impasses dans lesquelles nous sommes entrés et les solutions qui demeurent à notre portée pour en sortir.

1. « Ceux qui coïncident trop pleinement avec l'époque, qui conviennent parfaitement avec elle sur tous les points, ne sont pas des contemporains parce que, pour ces raisons mêmes, ils n'arrivent pas à la voir », Giorgio Agamben, *Qu'est-ce que le contemporain ?*, Paris, Rivages, 2008, p. 11.

VIE ET ŒUVRE

Enfance et jeunesse

William Morris naît le 24 mars 1834 dans la banlieue nord-est de Londres, à Walthamstow, au sein d'une famille aisée. Son père, *trader*, s'est constitué une fortune en investissant notamment dans des mines anglaises. « Mon père était un homme d'affaires ; il travaillait dans la "City", et gagnait bien sa vie ; notre vie se déroulait dans un confort bourgeois bien ordinaire », écrit Morris en 1883[1]. En 1840, la famille s'installe dans une maison plus grande, de style géorgien, Woodford Hall, un peu plus au nord de Londres, entourée par la forêt d'Epping. Le parc de vingt-cinq hectares lui sert de terrain de jeu et d'exploration, ce qui fait naître en lui l'amour de la nature et un intérêt pour la botanique qui trouve

1. « William Morris par lui-même », in William Morris, *Contre l'art d'élite*, Paris, Hermann, 1985, p. 1.

un terrain d'épanouissement lorsqu'il reçoit un lopin de terre à cultiver. Il s'intéresse également à l'architecture du passé : en 1844, son père l'emmène visiter la cathédrale de Canterbury, l'une des plus anciennes et des plus célèbres églises chrétiennes d'Angleterre, qui le marquera durablement. Il lit les romans historiques de Walter Scott, qui lui donnent le goût du Moyen Âge.

Son père disparaît brutalement en 1847, laissant à sa famille une fortune importante. En 1848, le jeune William entre dans une *public school*[1], où il lit de nombreux ouvrages consacrés à l'architecture et à l'archéologie.

En 1854, il entre à Exeter College, à Oxford – pour commencer des études de théologie qu'il abandonnera moins de deux ans plus tard –, cité encore largement médiévale par son style architectural. Il y rencontre celui qui restera son ami tout au long de sa vie, le peintre Edward Burne-Jones. Il s'intéresse passionnément à l'architecture gothique et aux enluminures médiévales, il lit Thomas Carlyle dont il tire l'idée d'un Moyen Âge plus harmonieux que l'époque contemporaine. Morris se tourne vers l'architecture et les arts et, très vite, décide de mener une forme de croisade contre l'époque moderne, à la suite de John Ruskin qui reproche à cette dernière

1. En Angleterre et au pays de Galles, le terme « *public school* » désigne des écoles privées coûteuses et sélectives accueillant des enfants âgés de 13 à 18 ans.

d'avoir transformé l'artisan en ouvrier, c'est-à-dire en outil, et d'avoir détruit les équilibres anciens entre production et création.

En 1854, il traverse la Manche et découvre avec enthousiasme les grandes cathédrales gothiques du nord de la France. En 1855, il hérite d'une partie des actions de son père, qui lui rapporteront une véritable fortune dans les quinze années qui suivront. Morris envisage de devenir architecte, mais, sous l'influence de Burne-Jones et de Dante Gabriel Rossetti, peintre préraphaélite rencontré en 1856, il s'oriente vers la peinture, avec un style médiéval, mais aussi vers la littérature. En 1859, Morris se marie avec Jane Burden, couturière rencontrée deux ans plus tôt, qui deviendra la muse du mouvement Arts and Crafts.

Créations

Son premier livre, un recueil de poèmes publié en 1858 et intitulé *La défense de Guenièvre,* reprend la légende arthurienne du point de vue de Guenièvre, lui donnant ainsi un sens féministe.

Grâce à l'argent dont il a hérité, il entreprend en 1859, avec l'architecte Philip Webb, la construction de la Red House à Bexleyheath, au sud-est de Londres, pour le montant colossal de 4000 livres, soit la moitié de sa fortune. Ses amis artistes et lui-même en assurent la décoration intérieure, avec des meubles et tentures d'inspiration médiévale. C'est de cette première expérience que naît chez Morris le désir de fonder une entreprise de décoration, sur le modèle d'une guilde du Moyen Âge, dans laquelle les artisans, ayant une connaissance fine des matériaux et des techniques qu'ils emploient, créeraient et fabriqueraient eux-mêmes des objets de qualité, beaux, utiles et durables. Dans ce cadre, le recours aux machines, qui tend à déposséder le travail de toute créativité, est récusé. En avril 1861 est donc créée, à Red Lion Square, au cœur de Londres, la Morris, Marshall, Faulkner & Company, avec, en plus des principaux actionnaires, Burne-Jones, Rossetti et Webb.

Morris devient lui-même tapissier et conçoit plus de six cents motifs de tissus et papiers peints, aujourd'hui encore reconnus pour leur grande beauté végétale. Il dessine également des cartons de vitraux.

> Je conçois et dessine moi-même presque tous les motifs que nous utilisons en décoration, qu'il s'agisse de papiers peints, de textile ou d'autre chose. [...] Je l'avoue, tout cela m'a procuré beaucoup de plaisir, et m'en procure encore[1].

L'entreprise va bénéficier du goût de l'époque pour le Moyen Âge et des importantes constructions de nouvelles églises anglicanes pour lancer la fabrication de nombreux modèles de vitraux. Pendant les années 1870, la

1. « William Morris par lui-même », art. cit., p. 4.

compagnie touche un public plus large et vend des créations nouvelles, tissus, papiers peints, à de riches clients. L'année 1875 voit Morris devenir le seul propriétaire de la firme (qui s'appelle désormais la Morris & Co, laquelle perdura jusqu'à 1940), qui étend ses activités et sa clientèle, accédant à la prospérité.

Morris a initié le mouvement Arts and Crafts (arts et artisanats), qui a eu une influence importante sur le renouveau de l'art (Art nouveau, *Jugendstil*, *Bauhaus*) au tournant du XXe siècle. Le mouvement Arts and Crafts naît à la suite de la révolution industrielle, comme une réaction à la transformation radicale des environnements urbains et naturels. Il a pour objectif de redonner toute sa place à l'artisanat et de combler l'écart séparant le beau de l'utile en faisant intervenir l'art dans tous les domaines de la vie pratique.

Engagement

À partir de 1877, William Morris adhère à la cause socialiste parce qu'il est convaincu que « l'art ne peut avoir de vraie vie, de vraie croissance, dans les conditions actuelles de mercantilisme et de priorité au profit ». C'est le début de son engagement militant : il devient un conférencier enragé, prononçant des allocutions dans des cercles socialistes, participant à plus de cinq cents meetings dans les rues ou à l'occasion de grèves ouvrières. Il s'adresse aux travailleurs dans les usines afin de contribuer à la formation d'une conscience révolutionnaire et de rendre désirable une alternative au capitalisme en pleine expansion. « Je donne donc priorité à la propagande, qui consiste à enseigner à tous quel est notre but, en quoi il est rationnel et combien il est nécessaire[1]. »

Ce changement dans la vie de Morris trouve sa source dans la contradiction entre sa volonté de rendre sa production accessible à tous et sa clientèle exclusivement composée des classes supérieures.

Morris refuse la participation aux élections, qui entretiendrait l'illusion qu'on peut réformer le système capitaliste de l'intérieur. Il ne participe pas non plus aux débats théoriques des courants marxistes sur l'organisation la plus à même de libérer le prolétariat, sur les groupes d'avant-garde capables de mener la révolution ou sur les événements susceptibles de la provoquer. Mais il décrit dans ses livres et conférences ce qui est le plus désirable pour la classe ouvrière : les conditions d'une vie épanouie et décente[2], en rupture avec la production

1. « L'âge de l'ersatz », in *L'âge de l'ersatz et autres textes contre la civilisation moderne*, Paris, éditions de l'Encyclopédie des nuisances, 1996, p. 138. Conférence donnée en 1894 dans le quartier populaire d'Ancoats à Manchester.

2. L'idée de décence est très présente dans l'œuvre de George Orwell (il parle de « *common decency* »), autre précurseur de la décroissance (voir Stéphane Leménorel, *George Orwell et la vie ordinaire*, Lorient, le passager clandestin, 2022). Pour lui, une société est décente si elle n'em-

industrielle polluante et destructrice, et propose des solutions concrètes pour faire advenir une société nouvelle fondée sur le partage plutôt que sur la concurrence, sur l'égalité plutôt que sur la domination, sur la beauté plutôt que sur l'artifice, sur la qualité plutôt que sur la profusion.

Morris a sûrement souhaité se libérer d'un sentiment de culpabilité lié à la manière dont sa famille s'est enrichie dans l'exploitation minière qui torture les hommes et détruit la nature. Certains de ces discours ont été publiés, et nous en reproduisons quelques extraits dans la seconde partie de l'ouvrage. Ces textes importants sont portés par la foi en l'humanité, par la certitude que le monde fait fausse route et qu'il est encore temps de le réorienter. Morris s'y révèle un penseur de son temps, confronté aux contradictions du capitalisme industriel, engagé dans le mouvement ouvrier, porté par l'espérance d'une rupture et d'un changement radical. Il apparaît aussi comme un penseur en marge, n'ayant jamais appartenu aux sphères dirigeantes du mouvement ouvrier.

---

pêche pas les comportements spontanés d'entraide, de respect et de justice, et surtout si ses membres ont une conscience immédiate de ce qui ne se fait pas. Pour Morris, en ce sens assez proche d'Orwell, une société décente ne doit pas laisser détruire tout ce qui a été fait par ses prédécesseurs au nom d'une prétendue idée de la modernité ; elle ne doit pas laisser croître de structure (industrielle, artistique, politique) qui avilisse les êtres humains en les transformant en machines ou en les privant de toute vie émotionnelle authentique et libre ; elle ne doit pas accepter la soumission des hommes les uns aux autres, comme c'est le cas dans le capitalisme.

À partir de 1887, Morris ne croit plus à l'imminence d'une révolution et affirme qu'il faut attendre que la classe ouvrière ait la volonté d'un changement radical et y contribuer activement, notamment par l'éducation, qui lui paraît l'élément le plus important.

En 1890, il publie le livre qui reste aujourd'hui son chef-d'œuvre, *Nouvelles de nulle part*, utopie londonienne d'une société fondée sur la gratuité, la coopération, la convivialité et l'égalité. Le livre remporte un grand succès et est immédiatement traduit en huit langues.

En 1896, il meurt à 62 ans d'une congestion pulmonaire. Son investissement au service du socialisme, son manque de soin accordé au repos et à l'alimentation ont également contribué à ce décès prématuré.

CRITIQUE DE LA SOCIÉTÉ MODERNE

> Sans parler du désir de produire de belles choses, la passion dominante de ma vie a toujours été la haine de la civilisation moderne[1].

William Morris a protesté et agi toute sa vie contre les destructions inhérentes à la société moderne, que ce soit dans le monde de l'art, avec la création, aux côtés de l'architecte Philip Webb, de la Société pour la protection des bâtiments anciens (*Society for the Protection of Ancient Buildings*, toujours active), par la volonté d'unir le beau et l'utile dans des œuvres simples et directes, ou dans le monde de l'entreprise avec la fondation de la Morris & Co et le soutien apporté aux artistes de son temps, enfin dans le militantisme politique et la proximité avec les

1. William Morris, « Comment je suis devenu socialiste », in *Contre l'art d'élite*, *op. cit.*, p. 172.

classes laborieuses. La société moderne est façonnée par le capitalisme, cette force constamment révolutionnaire, selon les termes de Karl Marx, qui ne laisse rien en place parce qu'elle transforme tout – la nature, les hommes comme les sociétés – en source de profits nouveaux, passant sous silence ses incidences sur les conditions de vie et l'environnement.

Si Morris peut donner l'impression d'ignorer les violences politiques et les inégalités fondamentales des sociétés précapitalistes, il n'en est rien, comme en témoigne, entre autres, son livre consacré à la lutte du prêtre John Ball au XIVe siècle contre les riches: *Un rêve de John Ball*[1]. Mais il s'intéresse en priorité aux aspects positifs des sociétés antérieures, détruits par le capitalisme alors que les hommes ne peuvent s'en passer pour vivre heureux et libres : une nature préservée, la satisfaction directe et simple des besoins, la solidarité. Sa critique de la société moderne n'est donc pas nostalgique, pas plus qu'elle ne débouche sur un militantisme situant dans l'avenir la perspective de modes de vie meilleurs : il s'agit au contraire de les faire advenir ici et maintenant.

1. William Morris (1886), *Un rêve de John Ball*, Paris, Aux forges de Vulcain, 2022.

Le capitalisme contre la vie

Le capitalisme a libéré les forces de travail de toutes les limites que leur imposaient les marchés locaux, les traditions religieuses, le servage, l'artisanat, en faisant de l'économie un ensemble d'activités tendant à devenir anonymes, centrées exclusivement sur la production de biens de consommation. Le travail devient quantifiable et la productivité augmente grâce à l'industrialisation des opérations de production. Trouvant ses sources au début de la modernité, ce mode de production se développe jusqu'à aujourd'hui suivant une logique de recherche de profits grandissants, ouvrant sans cesse de nouveaux marchés, conquérant des territoires riches en matières premières, soumettant des sociétés entières à sa loi. Cinq siècles après son commencement, deux siècles après les révolutions industrielles qu'il a suscitées, il règne sans partage sur le monde.

Fruit de cette organisation économique, l'industrialisation détruit les conditions de vie anciennes, fondées sur un travail satisfaisant directement les besoins, au profit d'une division extrême des tâches. Certes, la production augmente, mais c'est au prix d'une dépendance à l'égard de la « mégamachine » industrielle, d'un bouleversement des environnements naturels et urbains et d'une technicisation de la vie.

L'œuvre de William Morris s'inscrit dans ce contexte et s'y rapporte sans cesse, tant dans son travail artistique (rupture avec la laideur industrielle) que dans son action militante au profit de la classe ouvrière (création de conditions d'existence dignes) et ses romans (convivialité dans une société vertueuse, sans domination). Le capitalisme est une organisation politique, économique et sociale qui interdit l'autonomie des producteurs et accroît l'exploitation des ressources naturelles et humaines. Or, Morris veut permettre la satisfaction des besoins et protéger les hommes de cette dépossession dans leur travail, ainsi que la beauté des environnements (monuments, paysages ruraux, urbains et périurbains).

La qualité de vie des êtres humains est diminuée par des conditions matérielles dégradées : saccage de l'environnement, pollution, stress lié au chômage ou aux mauvais salaires, lutte pour la survie, etc. Morris soutient que le progrès de la civilisation ne peut signifier simplement l'amélioration des aménagements domestiques pour certains au détriment de la majorité. Cette critique est toujours d'actualité, puisque la lutte pour le profit s'est accentuée tout au long du XXe siècle. L'accent mis sur la qualité plutôt que sur la quantité, sur le partage et l'égalité plutôt que sur l'augmentation des richesses préfigure les critiques contemporaines des indicateurs économiques comme le produit intérieur brut et la critique générale d'un progrès réduit à sa dimension technique et macroéconomique.

> Certaines personnes pensent que ces conforts-là constituent l'essence même de la civilisation et que leur jouissance est ce qui sépare cette civilisation de la barbarie. S'il en est ainsi, adieu conquête de la paix, de l'ordre et de la liberté, bonne entente entre les hommes, amour de la vérité et haine de l'injustice, en résumé une bonne vie nourrie de ces valeurs, libérée de la lâcheté et de la peur, mais riche en événements. Voilà comment je définis la civilisation, et non par l'accumulation de sièges rembourrés et de coussins, de tapis et de gaz de ville, de viandes délicates et de boissons fines et, enfin, par des différences toujours plus aiguës entre les classes[1].

Quelle qualité de vie, quelle convivialité, quelle humanité sont possibles pour la majorité quand ce qui domine, c'est la lutte pour le profit d'un petit nombre d'entreprises entre elles et contre toutes les autres classes, quasiment jusqu'à la mort de la société, de la solidarité et de la coopération bienveillante ? C'est pour cela que William Morris rejette radicalement la grande industrie capitaliste, dont il décrit les effets désastreux, tant du point de vue de la beauté des productions que du sens que le travail peut avoir pour celui qui le réalise ou des conséquences sociales à l'échelle de la planète.

---

1. William Morris, « The Beauty of Life », conférence de 1880, citée et traduite par Olivier Barancy, in William Morris, *L'âge de l'ersatz et autres textes contre la civilisation moderne*, *op. cit.*, p. 15.

Car la malédiction de la guerre commerciale est si répandue que ses ravages n'épargnent aucun pays. Devant elle, des traditions vieilles de mille ans s'effondrent en l'espace d'une année. Vient-elle à frapper un pays faible ou demi-barbare, le peu de plaisir, de poésie ou d'art qui y existait est vite foulé aux pieds en une fange de hideur et d'abjection. L'artisan de l'Inde ou de Java ne pourra plus s'adonner tranquillement à son art, au rythme de quelques heures journalières, pour composer sur son étoffe un entrelacs d'une ravissante beauté : une machine à vapeur est entrée en action à Manchester [...] ; le travailleur d'Asie, s'il n'en est pas immédiatement réduit à mourir de faim, comme c'est souvent le cas, se voit contraint de prendre à son tour le chemin de l'usine pour faire baisser le salaire de son collègue de Manchester[1].

Avec le capitalisme, l'impersonnalité, l'anonymat dominent la vie de la société, le but de cette organisation économique étant la réalisation de profits, indépendamment de la satisfaction des besoins humains ou de l'amélioration des conditions de vie. À son poste de travail, l'ouvrier de la grande industrie peut être remplacé par n'importe quel autre, puisque les compétences y sont fragmentées et l'investissement personnel nié. Dans ce cadre, Karl Marx écrivait en 1844 :

Dans son travail, l'ouvrier ne s'affirme pas, mais se nie ; il ne s'y sent pas à l'aise, mais malheureux ; il n'y déploie pas

1. William Morris, *Comment nous pourrions vivre*, Neuvy-en-Champagne, le passager clandestin, 2017, p. 41-42.

une libre activité physique et intellectuelle, mais mortifie son corps et ruine son esprit[1].

L'impersonnalité de l'organisation industrielle n'est pas propice à l'accomplissement de soi, elle sépare le travail de son résultat, elle substitue la croissance à la signification de la production. Morris a lu Marx et partage ses analyses sur la dépossession capitaliste du travailleur (non-qualification du travail, inhumanité des conditions de son exercice, extorsion de la plus-value) et sur la destruction de la beauté du travail. Le capitalisme est une organisation économique qui lamine les travailleurs en en faisant des outils animés dont le labeur peut produire des biens et donc de la richesse, des facteurs économiques (les désormais fameuses « ressources humaines ») qui servent souvent de variable d'ajustement à la recherche du profit.

Dans ce système économique, la vie n'est plus centrée sur elle-même, la force vitale des êtres humains est consacrée à un travail harassant et dénué de signification, produisant des biens de piètre qualité et sans utilité autre que de permettre l'accumulation de richesses pour les propriétaires des usines. Elle n'est plus au service d'elle-même, c'est-à-dire de l'épanouissement, de la satisfaction des besoins, de l'humanisation et de la beauté, mais de la croissance de la production sans souci de sa qualité ni

1. Karl Marx, « Critique de l'économie politique (Manuscrit de 1844) », in Friedrich Engels et Karl Marx, *La première critique de l'économie politique. Écrits de 1843-1844*, Paris, UGE, 1972, p. 155.

de son utilité. De plus, et notre époque le confirmera, le capitalisme est animé par le fantasme d'une absence de limites, d'un accroissement sans fin de la production. Dans ce cadre, tout ce qui existe peut être converti en marchandise et constituer une occasion de profit. Depuis le XIXe siècle, cette tendance s'est considérablement accentuée, avec l'apparition de la société de consommation dans les années 1930 aux États-Unis et dans les années 1950 en Europe.

Le triomphe du commercialisme

Le « commercialisme », pour reprendre le terme de Morris, auquel la mondialisation économique donnera un coup de fouet sans précédent à partir des années 1970, désigne la subordination de l'ensemble des activités d'une société à la production et aux échanges de biens et de services marchands. La destruction de la nature, des paysages, des constructions anciennes, des modes de vie, la dévalorisation de toutes les activités non directement économiques, de la lenteur et du calme y trouvent leur origine.

Le commercialisme est au cœur de notre temps. Jamais il n'y a eu autant d'échanges économiques, d'activités de conception et de production de biens, de consommation. Au point d'engendrer un réchauffement climatique aux conséquences catastrophiques et de faire planer aujourd'hui sur nous la menace d'un effondrement civilisationnel. Tout cela était en germe à l'époque de William Morris. Mais on conservait alors la mémoire d'une organisation sociale s'accordant au rythme de la nature, d'une production artisanale de qualité et de proximité, soucieuse de satisfaire sans faux-semblant les besoins humains. On pouvait aussi facilement comparer les avantages et les inconvénients des deux types de production. La concurrence et ses conséquences, la soumission aux rythmes de la production industrielle (même si le travail à la chaîne n'existait pas encore), la piètre qualité des produits et leur laideur ne pouvaient pas satisfaire un esprit épris de justice, de convivialité, de fonctionnalité des objets et de beauté. On peut d'ailleurs se demander comment un tel système pouvait convaincre de sa pertinence, sans l'attrait de la consommation encore réservée à une élite. Ce n'est que progressivement que le capitalisme a étendu sa recherche de profits. Il en a trouvé les conditions dans la production d'objets en série (industrie), la mise en concurrence des mains-d'œuvre, la dégradation de la qualité (et cela bien avant l'obsolescence programmée[1]), l'invention de nouveaux produits et l'ouverture de nouveaux marchés. Il s'est imposé parce que les classes dirigeantes ont trouvé en lui le moyen d'organiser autrement la société (après

1. Voir Serge Latouche, *Bon pour la casse. Les déraisons de l'obsolescence programmée*, Paris, Les liens qui libèrent, 2012.

les anciens régimes fondés sur la légitimité royale), de maintenir les inégalités et les hiérarchies et de concentrer les richesses entre leurs mains.

Le « commercialisme » fait de toute production non plus le moyen plus ou moins direct de satisfaire un besoin, mais une marchandise susceptible d'être échangée sur des marchés toujours plus étendus dans une perspective de profit et d'accumulation des richesses. L'histoire du capitalisme se caractérise par une tendance à la concentration des industries et à la constitution de monopoles ou quasi-monopoles. Les petites entreprises artisanales sont absorbées, fragilisées ou disparaissent sous l'effet de la concurrence, les grandes firmes récupérant et étendant leur clientèle. Au fil du temps, ce processus n'a cessé de se confirmer et de s'amplifier[1].

Le commerce est légitime quand il constitue un échange de biens et de services visant à satisfaire des besoins humains fondamentaux, naturels ou sociaux. Dans le commercialisme, il devient un but en soi et

1. « Et ainsi – tandis que naturellement ils ne pouvaient se soustraire à la nécessité de fabriquer ce qui leur était vraiment indispensable – ils inventèrent une chaîne sans fin de besoins factices ou artificiels, lesquels prirent pour eux, sous l'action de la loi d'acier par laquelle était régi le susdit Marché-Mondial, une importance égale aux besoins qui correspondaient réellement aux nécessités de la vie. De cette façon ils se mirent sur le dos, pour le seul plaisir d'alimenter leur misérable système économique, une masse prodigieuse de labeur » (William Morris, *Nouvelles de nulle part*, Montreuil, L'Altiplano, 2009, p. 221-222).

s'impose peu à peu comme un nouveau « veau d'or », indifférent aux sacrifices imposés au grand nombre, devant lequel l'ensemble des sociétés doivent se prosterner. Cet état d'esprit a toujours été étranger à William Morris, mal à l'aise avec les sources de la richesse de sa famille, qui s'inscrit dans une sensibilité philanthropique naissante. Dans sa fabrique, les employés étaient mieux payés et travaillaient moins qu'ailleurs, leurs conditions de travail étaient satisfaisantes, les jeunes bénéficiaient d'un apprentissage leur assurant une qualification et le travail des enfants était banni. Absente chez lui, cette indifférence est au cœur du capitalisme et du commercialisme, qui ne s'intéressent aux êtres humains que pour leur utilité, privant nos sociétés de toute convivialité et de toute solidarité. William Morris proposait, bien avant Serge Latouche, de décoloniser les imaginaires, notamment en rappelant que les productions industrielles de qualité médiocre (les « ersatz ») n'apportent pas de satisfaction, qu'elles enlaidissent le quotidien, qu'elles se paient au prix d'une compétition étendue à la société dans son ensemble. « Fini les "produits bon marché", c'est-à-dire les succédanés, où n'entre rien de bon, simples pompes à gonfler les profits[1] ». Alors que la production artisanale, extérieure au commercialisme,

1. William Morris, *Comment nous pourrions vivre*, *op. cit.*, p. 49.

permet de satisfaire des besoins sobres[1], dans un cadre local, dans des milieux de vie aménagés pour le confort et l'agrément de tous.

La rupture avec le commercialisme n'est pas l'affirmation doloriste de la valeur de la pauvreté. Au contraire, William Morris insiste sur les conditions qui peuvent rendre la vie plus riche, dans un sens irréductible à la possession et à l'accumulation. Dans le désir de simplicité, les moyens ne l'emportent pas sur les fins, et ces dernières sont jugées selon ce qu'elles apportent aux hommes « concrets », dans leur vie quotidienne et sociale.

La simplicité ne doit pas être confondue avec l'austérité : elle ne promet pas une vie étriquée, mais intense. Cela rejoint un propos d'Arne Næss, auteur norvégien, fondateur du courant de l'écologie profonde :

> Ici, tous les moyens sont simples et toutes les fins sont riches. [...] On mène ici une vie infime, mais complexe, qui épouse toutes sortes de formes, sans trop de moments d'interruption. Et cela requiert des moyens si simples qu'on éprouve à chaque instant une plénitude complète[2].

---

1. « La simplicité de la vie, fût-elle la plus extrême, n'est pas de la pauvreté, mais le fondement même du raffinement », William Morris, « The beauty of life », cité in Charlotte Fiell et Peter Fiell, *William Morris*, Cologne, Taschen, 1999, p. 45.

2. Arne Næss, *Vers l'écologie profonde*, Marseille, Wildproject, 2009, p. 134-140. Næss parle de sa maison de Tvergastein, dans les montagnes norvégiennes.

Le commercialisme, aujourd'hui la société de consommation, nous habitue à vivre à l'extérieur de nous-mêmes, en attendant le bonheur des objets que l'on peut acquérir. Il fournit des plaisirs médiocres qui nous entraînent dans un processus sans fin. Cette manière d'être nous prive de notre potentiel d'autosatisfaction, de notre autonomie. Emporté dans un mouvement continu d'accroissement, il crée indéfiniment de nouveaux désirs, ou faux besoins, incapables de combler nos attentes de plénitude et de beauté. La recherche de Morris porte au contraire sur les fins que nous devons poursuivre et sur les moyens nous permettant de nous accomplir et d'être heureux. Ces moyens sont bien plus puissants que tous les objets proposés à la consommation. Morris les évoque sous forme de droits.

La vie humaine et ses droits fondamentaux

D'abord le droit à la santé :

> Prendre plaisir au simple fait de vivre ; jouir d'exercer ses membres et toutes ses facultés physiques ; jouer, en quelque sorte, avec le soleil, le vent, la pluie ; satisfaire dans la joie les appétits physiques ordinaires de l'animal humain [...]. Et je crois que ce droit à jouir d'un corps sain, que je revendique pour chacun d'entre nous, conduit à exiger tous les autres droits légitimes[1].

1. William Morris, *Comment nous pourrions vivre*, *op. cit.*, p. 53-54.

Ensuite le droit à l'instruction :

> Ce que je veux, c'est une instruction libérale me donnant la possibilité de prendre ma part de toutes les connaissances des temps modernes, selon ma capacité ou mon inclination, qu'elle soit d'ordre historique ou scientifique ; ma part également du savoir-faire existant dans le monde tant dans le domaine des fabrications industrielles que dans celui des beaux-arts : la peinture, la sculpture, la musique et le théâtre, etc. Je revendique le droit d'être initié, si j'en ai la capacité, à plusieurs métiers que je pourrais exercer au bénéfice de la communauté[1].

Également le droit aux loisirs, en parallèle du droit à un travail épanouissant :

> Une grande partie du travail le mieux fait sera pris sur le temps de loisir d'hommes délivrés de la hantise de la subsistance et désireux, comme le sont tous les hommes, voire tous les animaux, de mettre en valeur leurs talents spécifiques[2].

Essayons d'imaginer un instant ce que pourrait être une organisation de la société où chacun ne penserait pas son intérêt comme séparé de celui des autres, mais travaillerait pour la communauté, parce qu'il serait libéré de la peur de la misère. S'ils n'ont pas actuellement, en période de chômage de masse et de concurrence économique effrénée, le vent en poupe, certains tenants d'un revenu universel proposent ainsi de séparer la subsistance de la

1. *Ibid.*, p. 55.

2. *Ibid.*, p. 57.

nécessité d'accepter un travail harassant et sans satisfaction. Ils proposent également, comme pour la réduction du temps de travail, d'interroger les finalités de celui-ci et son caractère aliénant.

Enfin, dernier des droits défendus par William Morris, le droit à des lieux de vie beaux et conviviaux :

> Je demande que soit plaisant, beau et généreux le cadre matériel de ma vie. […] C'est le profit qui a attiré les hommes, par exemple, vers ces conglomérats énormes, impossibles à gérer, qu'on appelle des villes. C'est le profit qui les fait s'y entasser dans des constructions sans jardin ni espaces libres. C'est le profit qui refuse de prendre les précautions les plus ordinaires pour éviter d'envelopper un district entier dans un nuage de fumée sulfureuse. C'est lui qui transforme les beaux cours d'eau en égouts répugnants. C'est lui qui condamne tout le monde, hormis les riches, à vivre, au mieux, dans des maisons encombrées, dans des bâtisses d'une innommable désolation. […] Quand ils auront cessé d'être des esclaves, [les travailleurs] exigeront tout naturellement que tout homme, toute famille, dispose de logements généreux ; que tout enfant ait la possibilité de jouer dans un jardin proche du domicile de ses parents ; que toute demeure, emblème de l'ordre et de la propreté, soit un ornement pour la Nature, au lieu de la défigurer[1].

1. *Ibid.*, p. 61-62.

Le gaspillage

Cette société alors nouvelle a inventé le gaspillage, c'est-à-dire une production supérieure aux besoins qui finit par être jetée ou une production d'objets périssables destinés à être rapidement remplacés. Très limitée au XIXe siècle, cette pratique s'est accentuée considérablement jusqu'à nos jours, au point que plus de 30 % des produits alimentaires achetés finissent à la poubelle en France, que la plupart des appareils de communication ont une durée de vie inférieure à cinq ans, que nos placards sont pleins d'objets inutiles ou rapidement inutilisables.

On pense parfois que l'on peut lutter contre le gaspillage et même le faire progressivement disparaître. Cela serait évidemment souhaitable, mais la modernité produit une quantité croissante de déchets et le gaspillage est inscrit au cœur du capitalisme et du commercialisme[1]. La production est liée à l'origine aux besoins, qui sont nécessairement limités par notre physiologie : la faim exige d'être satisfaite, mais la nourriture absorbée en excès est source de maux et nuisible pour la santé. Cependant, la production elle-même, en régime

1. « En se focalisant sur la réduction des déchets, sur la face cachée de la production, on tend à neutraliser la critique nécessaire de sa face "visible", des processus de production eux-mêmes, on "oublie" que l'on continue à produire des quantités pharaoniques de matières incontrôlables. On oublie, donc on espère », Baptiste Monsaingeon, *Homo detritus. Critique de la société du déchet*, Paris, Seuil, 2017, p. 235.

capitaliste, ignore les limites physiques et crée sans cesse de nouveaux besoins.

Par opposition, la décroissance, tout comme le préconisait William Morris en son temps, veut recentrer la production autour des besoins fondamentaux et endiguer la recherche insatiable du profit qui nous fait perdre de vue l'essentiel et nous soumet à une logique incontrôlable.

> Quand nous nous serons en effet débarrassés de l'esclavage du profit, l'organisation du travail, éliminant tout gaspillage, exclura que l'on accable indûment quiconque en particulier, étant admis qu'il reviendra naturellement à chaque citoyen d'apporter son écot de travail clairement utile[1].

Le gaspillage, ce gâchis de ressources, de travail humain, de temps, est le révélateur de la logique aberrante du capitalisme. C'est aussi un marqueur économique et, dans la société de consommation, un marqueur social. Avec lui, on a quitté l'économie de subsistance, de l'utilité, au profit d'une économie de l'illimitation, de l'enrichissement sans bornes, où le travailleur ne travaille plus parce que c'est utile ou épanouissant, mais uniquement parce qu'il est soumis à l'appareil productif. Tributaire de ce dernier pour sa survie, il n'en est plus qu'un simple rouage et ne peut plus s'en libérer. La perte de signification du travail et le gaspillage sont ici les deux faces de cette économie de l'illimitation.

1. William Morris, *Comment nous pourrions vivre*, *op. cit.*, p. 56.

L'enjeu économique (la croissance) l'emporte sur toute autre considération et trouve sa justification, après la deuxième guerre mondiale, dans la conquête d'un confort nouveau. Depuis les années 1970, une fois ce confort acquis par une majorité de Français, la croissance s'est prolongée en s'appuyant sur les fantasmes de la disponibilité du monde (aéronautique et tourisme de masse, mondialisation des entreprises), de la vitesse (et même de l'instantanéité) et du brouillage des frontières physiques et cognitives (Internet). À l'heure où Londres, sa ville, est devenue un gigantesque centre commercial, à l'instar de la plupart des grandes métropoles, le constat et la critique de William Morris sur la société capitaliste du gaspillage conservent toute leur acuité.

Le gaspillage n'est plus lié seulement à la mauvaise qualité des marchandises et à l'augmentation des besoins, mais est intrinsèque aux sociétés qui ont fait de la consommation le moteur de leur activité. Tout s'y vend, tout s'y achète, des émotions fortes au spectacle de la beauté (frelatée) en passant par les temps de détente, les relations amoureuses ou la connaissance. L'excès, la démesure, la quantité sont ici les palliatifs de l'absence de véritables émotions. Les œuvres artistiques elles-mêmes deviennent pourvoyeuses d'émotions d'emprunt, la fréquentation de l'art n'ayant plus lieu que lors d'expositions de masse où chacun regarde et ne considère que ce que tout le monde regarde. Morris a parlé d'« âge de l'ersatz » pour désigner cette condition, et cette notion s'applique particulièrement bien à notre époque.

L'âge de l'ersatz

Les émotions authentiques se cultivent dans la solitude ou dans la rencontre avec une œuvre, avec un paysage, avec quelqu'un ; elles peuvent se partager, bien sûr, mais n'ont rien de commun avec l'excitation que suscite la fréquentation des lieux « dédiés à la culture » (métropoles touristiques, musées, centres commerciaux, etc.). L'agitation qui caractérise la publicité, l'information en continu et la consommation étourdit comme la grande vitesse et laisse un sentiment de vide et d'inassouvissement que seul un surcroît d'agitation permet de remplir. C'est un cercle vicieux : l'agitation qui répond au vide devient un besoin qui entretient lui-même le vide. Par opposition, William Morris, anticipant sur la critique du loisir, de la consommation et du tourisme, décrit les satisfactions réelles que les ersatz de tous types, caractéristiques, déjà, de son époque, sont incapables de donner :

> En toute sincérité, ce qui m'agrée le plus est un moment de calme, sans préoccupation immédiate, après lequel je me remets au travail l'esprit libre. Et je crois que ce délassement, à l'inverse du pitoyable ersatz, satisferait la plupart des gens. Il existe cependant un autre ersatz de divertissement consistant à prendre le train pour une destination quelconque et en revenir. Deux raisons poussent les gens à agir de la sorte,

selon qu'ils sont riches ou pauvres. Un désir trouble d'être ailleurs entraîne les riches en Suisse, sur les bords du Rhin, en Italie, à Jérusalem, au pôle Nord, que sais-je encore ? Et comme la plupart de ces voyageurs gardent les yeux dans leur poche, même s'ils satisfont leur besoin maladif de bougeotte perpétuelle, ils n'ont rien vu de plus que s'ils étaient restés chez eux. Pour les habitants pauvres des grandes villes et des régions industrielles, je reconnais que c'est différent : leurs maisons sont si dépourvues d'attrait qu'ils aspirent à retrouver, ne serait-ce que pour quelques heures, ici ou là, les vertes prairies, le soleil éclatant, et même la pluie ou le vent[1].

Le gaspillage est également favorisé par la logique d'abaissement des coûts de production et donc des prix de vente, qui permet l'accroissement de la consommation[2]. La rupture avec la société du gaspillage passerait par la rémunération du travail à un juste prix, non pour accroître le pouvoir d'achat, mais pour garantir à chacun la satisfaction de ses besoins fondamentaux, hors de toute consommation ostentatoire ou excessive, et de toute gadgétisation.

---

1. William Morris (1894), « L'âge de l'ersatz », in *L'âge de l'ersatz, op. cit.*, p. 126.

2. Ce système a trouvé son accomplissement dans le compromis fordiste, où le fait de mieux rémunérer des ouvriers permettait à ceux-ci d'acquérir ce qu'ils fabriquaient. Ce compromis a été mis à mal avec la mondialisation et la recherche de moindres coûts, qui réduit les salaires et génère le chômage. D'où l'importance pour les grandes entreprises des marchés émergents et des nouvelles classes moyennes des grands pays producteurs (et, singulièrement, de la Chine).

Ce qui s'oppose au gaspillage (« ces articles de luxe stupide dont la demande est le seul résultat de l'existence même des classes riches improductives ; des produits que les gens menant une existence courageuse et honnête ne demanderaient ou ne rêveraient même pas de posséder, et que, pour ma part, je ne me résoudrai jamais – quels que soient mes contradicteurs – à appeler richesses : il s'agit moins de richesses que de gaspillage[1] »), ce sont les vraies richesses.

> La richesse, c'est ce que la nature nous prodigue, c'est ce qu'un homme raisonnable peut fabriquer pour son usage raisonnable avec ces dons de la nature : la lumière du soleil, l'air pur, la surface préservée de la terre, la nourriture, le vêtement, le logement dans la mesure du nécessaire et du décent ; la conservation de toutes les formes de savoir et la faculté de les diffuser ; les instruments d'une communication libre entre êtres humains ; les œuvres d'art, la beauté que l'homme crée quand il est véritablement homme, volontaire et réfléchi – toutes choses qui participent au plaisir de gens libres, courageux et sains. Voilà la richesse[2].

Au-delà de la critique des sociétés modernes, William Morris consacre également des romans et conférences à ce que devrait, à ce que *pourrait*, être une société ayant rompu avec le capitalisme, le principe de croissance, la

1. William Morris, « Travail utile et vaine besogne », in *La civilisation et le travail*, Neuvy-en-Champagne, le passager clandestin, 2013, p. 37.

2. *Ibid.*

production industrielle, le gaspillage et les ersatz. Une société qui n'aurait donc pas renoncé, au nom de la liberté individuelle, à ce qui est le plus précieux dans la vie d'une communauté : la convivialité, l'épanouissement au travail, la beauté, les droits inhérents à la vie humaine. Une société qui aurait fait de l'égalité son principe central, non pas pour exercer une autorité despotique, mais pour permettre à chacun de vivre dignement et de se réaliser dans la compagnie des autres.

L'UTOPIE

Un livre utopique n'est pas dérisoire, il ne s'agit pas seulement d'une rêverie innocente et douce, mais d'une hypothèse sur ce que serait l'existence une fois libérée des illusions propres au système capitaliste (croissance, confort, hédonisme, progrès), si l'on remettait la concurrence à sa juste place (comme Thomas More qui, dans son *Utopie,* la réserve à la lutte entre les différents quartiers pour créer le plus beau jardin) et qu'on lui opposait des principes simples, ceux-là mêmes qui figurent dans les différentes déclarations des droits humains (pas seulement les principes abstraits de liberté et d'égalité en droit, mais le droit à la satisfaction des besoins humains fondamentaux), si on leur conférait une effectivité réelle et qu'on dénonçait les institutions qui en interdisent le respect (la spéculation, la liberté de polluer, le gigantisme, les productions nuisibles, etc.).

L'utopie constitue un horizon sans doute inaccessible, comme tout horizon, mais elle fournit un cap. Elle expose des manières de vivre ou des organisations sociales, dont certaines existent parfois réellement, qui sont susceptibles de faire pièce au capitalisme en suscitant le désir et l'espoir.

La gratuité

Le capitalisme est une impasse en ce qu'il détruit les produits du travail et généralise l'avidité. Pourtant, toutes les solutions envisagées pour en sortir ont été jusqu'à présent vaines, parce qu'elles étaient fondées sur une abolition violente de la propriété privée au profit de l'étatisation de l'économie. William Morris appartient aux courants socialistes qui ont conçu l'épanouissement des personnes dans un contexte d'association et de coopération volontaires.

Utopie littéraire s'inscrivant dans la veine inaugurée par Thomas More au début du XVIe siècle, *Nouvelles de nulle part* (1890) nous dépayse, non au sens d'un simple exotisme, mais en tant que pas de côté à l'écart de notre présent. Dans ce roman, Morris imagine la gratuité comme le ciment de la société et des échanges. La gratuité totale est problématique parce qu'elle présuppose une organisation sociale vertueuse, un appareil productif suffisamment développé pour rendre possible la satisfaction de tous les besoins, et qu'elle fait l'économie de la rivalité entre les hommes et des conflits qui en découlent.

Mais assurer la gratuité des biens communs, garantir des droits fondamentaux à chaque personne, c'est faire que cette rivalité ne se traduise pas par la guerre de tous contre tous, inhérente au capitalisme. Dans une société de la gratuité et des droits humains, les conflits demeureraient, mais on aurait fait disparaître certaines sources majeures de la violence : la pénurie d'un côté, l'envie de l'autre. La gratuité permet de rompre culturellement avec la guerre capitaliste : elle met des pans entiers de l'économie à l'abri de la rapacité, elle assure la satisfaction des besoins humains premiers et épargne au travailleur la spirale infernale du « dumping social » en ôtant à celle-ci le point d'appui que constitue la nécessité de vendre à tout prix sa force de travail.

Dès lors que les besoins fondamentaux sont couverts par des services gratuits, on ne travaille plus par nécessité, mais pour des raisons d'utilité sociale, d'épanouissement personnel ou de production de biens facultatifs. À l'opposé de la conception du travail comme une contrainte, au mieux comme un choix motivé par l'appât d'un gain dont les salariés du capital sont toutefois exclus depuis des décennies, la gratuité contribue à restaurer la noblesse du travail en même temps qu'à lutter contre la destruction des droits des salariés et contre la crise écologique (par la gestion collective des biens communs tels que l'eau, l'énergie, les transports, suivant une logique excluant le gaspillage).

L'autonomie, la fraternité, la coopération, la décence, la beauté, valeurs anéanties par les sociétés dominées par la recherche du profit, la technique et la guerre contre le vivant, sont les maîtres mots de l'œuvre de William Morris. Dès 1884, il constatait :

> La conquête de la Nature est achevée, pour ainsi dire. Il nous appartient maintenant, et depuis déjà longtemps, d'organiser l'homme, qui tient en main les forces de la Nature[1].

Il s'agit ainsi de repenser les besoins humains sans qu'ils soient soumis aux illusions du commerce et des productions de pacotille. Avec la gratuité et la satisfaction des besoins fondamentaux, l'égalité est replacée au cœur de la vie en commun, permettant la rupture avec le paradigme de la « guerre commerciale » totale, qui apparaît alors pour ce qu'elle est : une sauvagerie.

> Chose étrange, n'est-ce pas, qu'on ait pu si peu tenir compte de ce désir d'une complète égalité que nous reconnaissons aujourd'hui comme le ciment de toute société humaine heureuse[2].

La gratuité est une utopie qui implique le renoncement aux guerres ayant pour but l'enrichissement, qu'elles soient militaires ou économiques. En recentrant chacun sur ses propres besoins, elle s'oppose au décentrement

---

1. William Morris, *Comment nous pourrions vivre*, *op. cit.*, p. 50.
2. William Morris, *Nouvelles de nulle part*, *op. cit.*, p. 425.

permanent produit par le capitalisme, dont la forme la plus radicale est l'endettement privé, fondement, avec la publicité, des sociétés de consommation. Dans la société de gratuité décrite par Morris, personne ne s'inquiète de manquer de quoi que ce soit, nul n'éprouve l'envie, chacun peut se désintéresser de posséder des biens matériels pour s'occuper de l'accomplissement personnel et collectif. La gratuité donne un sens neuf au travail en permettant à chacun de s'interroger sur le sens de son activité et de faire des choix parfois exactement contraires à ce qu'impose le manque dans les sociétés capitalistes. Là où le capitalisme institutionnalise les inégalités, la gratuité est un moyen de traduire dans les faits le principe de l'égalité. C'est pourquoi, à défaut de pouvoir rompre rapidement avec la logique capitaliste, il est nécessaire de s'opposer à l'appropriation privée des conditions naturelles de la vie (l'eau, l'air, la mer, l'énergie, etc.) et de préserver des espaces pour la gratuité qui sont la condition d'une vie sociale fondée non pas sur l'intérêt privé et la lutte pour l'hégémonie, mais sur le respect de l'égalité et sur la solidarité. Quand l'appropriation capitaliste s'élargit jusqu'à concerner l'ensemble des choses et du vivant, une partie grandissante de l'humanité est condamnée à la misère et ne peut plus satisfaire ses besoins. À l'inverse, la gratuité assure à chacun des conditions de vie décentes et aboutit à la marginalisation des activités fondées sur la seule considération de l'enrichissement.

La gratuité permet d'humaniser le travail, de libérer d'un esclavage qui ne dit pas son nom, de nous émanciper d'une aliénation profonde de nos vies, au sens à la fois de perte de liberté et de destruction des facultés humaines d'invention et d'expression de notre subjectivité. Les analyses de Marx ont été déterminantes pour Morris, mais ce dernier montre qu'il ne saurait y avoir d'épanouissement personnel au travail, et donc de travail libre, sans rupture avec le machinisme, avec la grande industrie, où le travailleur n'est plus qu'un rouage, une force de travail brute.

Le bonheur et le travail

Transformer le monde du travail dans le système capitaliste est largement illusoire. Le capitalisme est construit autour de la propriété privée des moyens de production et de la vente par ceux qui ne les possèdent pas de leur force productive. Ce faisant, il interdit aux travailleurs de prendre en main leurs activités. Le capitalisme empêche le développement d'un travail libre et épanouissant. Il régit les activités productives selon le principe de la création de survaleur sur des marchés en extension permanente.

Morris a toutefois essayé de donner une traduction concrète à son utopie du travail dans son entreprise d'arts décoratifs, où les conditions accordées aux ouvriers étaient meilleures qu'ailleurs et où ceux-ci pouvaient exercer leur créativité en travaillant des matériaux nobles. Comme d'autres au même moment, il a tenté, avec ses moyens propres, de contrebalancer les puissantes logiques capitalistes. Il a montré qu'avant de pouvoir créer un rapport de forces irréversible (révolutionnaire), il est possible, localement, d'expérimenter des formes de rupture avec l'industrialisme, le commercialisme et le gaspillage. Il est par là l'un des précurseurs de tous ceux qui s'engagent aujourd'hui sur la voie d'activités économiques non capitalistes, fondées sur l'utilité, la solidarité, permettant un échange juste entre producteurs et refusant la logique consumériste du *low cost* chère aux grandes entreprises, génératrice de surproduction et de gaspillage.

Dans une société régie par la recherche du profit, les conditions d'un travail rentable sont la productivité (d'où des rythmes de travail intenses et épuisants, dans des conditions sanitaires souvent épouvantables ou sous la pression d'un management agressif), la démultiplication des produits par la gadgétisation des besoins quotidiens (la propriété des objets domestiques est passée de quelques centaines d'objets au XIXe siècle à plusieurs milliers aujourd'hui), l'obsolescence programmée depuis les années 1920[1], la création de marchés toujours plus étendus qui requièrent la

1. William Morris parlait déjà, pour sa part, d'« adultération » des produits. « Personne ne fabriquera plus de hauts-de-chausse en peluche quand il n'y aura plus de laquais pour les porter, personne ne perdra plus son temps à fabriquer de la margarine quand plus personne ne sera obligé de se passer de vrai beurre. Les lois d'adultération ne sont nécessaires que dans une société de voleurs. Dans une société digne de ce nom, elles sont lettre morte » (William Morris, « Travail utile et vaine besogne », in *La civilisation et le travail*, *op. cit.*, p. 59).

standardisation de la production, la concentration des activités productives dans la grande industrie, la spécialisation des tâches, la mécanisation, l'anonymat et l'hétéronomie. Il n'est donc laissé à personne le loisir d'évaluer le sens de sa tâche et son utilité. Même le travail dit indépendant continue de dépendre des marchés. C'est pourquoi les dérives contemporaines du travail n'ont rien de surprenant. Le capitalisme des débuts ne s'embarrassait d'aucun scrupule moral. Les luttes sociales le firent reculer. Mais, dans le contexte de la mondialisation économique, le rapport de forces a tourné à l'avantage du capital.

Les emplois, pour nombre d'entre eux, ne présentent aucun intérêt en eux-mêmes. Ils n'ont d'autre fonction pour ceux qui les occupent que de leur octroyer un revenu. Le travail, ou plutôt les conditions dans lesquelles il s'exerce, les rapports hiérarchiques qui le régissent et le fait qu'il repose sur des considérations sans rapport intrinsèque avec lui-même sont sources de souffrance et, au mieux, d'ennui. Il devient utopique d'aspirer à un travail en lien avec ses centres d'intérêt ou, tout au moins, en adéquation avec ses propres valeurs. Or, le travail occupe une part importante de la vie éveillée et prive le travailleur de sa liberté quand il ne permet pas de réaliser un but personnel ou qu'il n'a pas d'utilité commune avérée.

C'est en réaction à cette réalité du travail en système capitaliste que William Morris mène sa réflexion sur la production et les métiers, anticipant certains aspects de la critique sociale contemporaine du travail. Contre ce travail aliéné et aliénant (Marx), producteur de biens inutiles et destructeur de la nature, il défend la nécessité d'une activité épanouissante, source de considération et de reconnaissance pour celui qui l'exerce, une activité utile permettant de satisfaire les besoins de chacun et produisant des biens adaptés, durables et beaux. Le travail contribuerait ainsi au bonheur et non à la violence sociale, à la lutte des classes, au désordre psychique et au gaspillage. C'est cette conception du travail qu'a adoptée la société utopique de son fameux roman :

> Les choses que nous fabriquons, c'est parce qu'elles répondent à un besoin : chacun fabrique pour l'usage de ses voisins, comme il le ferait pour le sien propre, et non pas pour un vague marché dont il ignore tout et qui lui échappe ; comme il n'y a ni vente ni achat, ce serait pure folie que de faire des objets pour le cas où l'on pourrait les demander ; car on ne peut plus forcer personne à les acheter. Ainsi tout ce qu'on fabrique est de bonne qualité et parfaitement adapté à ses fins. [...] Comme rien ne nous oblige à fabriquer d'immenses quantités de choses inutiles, nous disposons du temps et des ressources qui nous permettent de prendre en considération le plaisir que nous procure la fabrication. [...] Vous voyez bien maintenant que, dans ces conditions, tout le travail que nous fournissons est un exercice plus ou moins attrayant de l'esprit et du corps ; de sorte que, au lieu de l'éviter, tout le monde le recherche[1].

1. William Morris, *Nouvelles de nulle part*, *op. cit.*, p. 230-231.

Le travail est au cœur de l'utopie morrissienne d'un bonheur social fondé sur la simplicité, la jouissance et la satisfaction des besoins. Morris rejette tout ascétisme ; le plaisir, y compris le plaisir charnel, est pleinement humain[1]. Le bonheur ne consiste pas à échapper au travail, mais à exercer des activités épanouissantes et utiles, à en réduire la part abrutissante grâce au recours ponctuel aux machines, à partager les tâches et à pratiquer la polyvalence, à faire disparaître la hiérarchie par la gratuité, qui libère de toute soumission. À l'heure des politiques d'austérité, de la casse sociale systématique, du repli sur elles-mêmes des sociétés européennes et de l'effondrement écologique, cette vision peut sembler inatteignable. Elle a cependant la vertu d'attirer l'attention sur ce à quoi il ne faut pas renoncer si l'on entend combattre l'esclavage, l'abrutissement et la guerre sociale en cours. Il ne faut pas se voiler la face sur les conditions historiques du « triomphe » actuel du libéralisme économique ; mais ce rappel de l'utopie morrissienne est avant tout un refus de se soumettre à la fatalité. La pertinence de la critique que William Morris a menée, il y a plus d'un siècle, des formes capitalistes du travail ne peut que renforcer les positions des tenants de la décroissance.

Ainsi, le dépassement de la séparation entre l'intellectuel et le manuel peut étayer la volonté des travailleurs associés de reprendre en main leurs destinées. Le travail

1. cf. *infra*, « Le bonheur en société », p. 100.

répétitif, source d'aliénation, doit être réduit au maximum. La division du travail industriel prive le travailleur de toute implication dans les fins de son activité et le conduit à ne plus agir que de façon mécanique. Chacun, nous dit Morris, doit pouvoir, dans son métier, exercer pleinement ses facultés : son intelligence, son savoir-faire, sa créativité. Pour que les travailleurs ne sombrent pas dans l'esclavage – pour qu'ils cessent de n'être que des rouages dans le système de production –, il faut donc lutter contre la mécanisation.

William Morris fait preuve de prudence à l'égard des machines. Elles peuvent certes libérer les travailleurs des tâches les plus ingrates et les plus répétitives et économiser le temps nécessaire à un travail plus épanouissant et créatif :

> Si ledit travail nécessaire et raisonnable est d'ordre mécanique, je dois recevoir le secours d'une machine, non point pour abaisser le coût de mon travail, mais de façon à réduire au maximum le temps que j'y passerai ; je serai libre de penser à autre chose pendant que je surveille la machine. Et s'il s'agit d'un labeur particulièrement ardu ou exténuant, vous m'accorderez sûrement que plusieurs personnes doivent me relayer[1].

Mais, en permettant d'économiser le travail, les machines réduisent le nombre de personnes nécessaires à leur fonctionnement et produisent du chômage, elles

1. William Morris, *Comment nous pourrions vivre*, *op. cit.*, p. 59.

entraînent l'intensification des rythmes et requièrent de moins en moins de travail qualifié pour fonctionner. La dépendance de l'ouvrier à son outil de production devient inversement proportionnelle à la reconnaissance de ses compétences.

> En dépit de nos inventions, il n'est pas un ouvrier, dans le cadre du système actuel, qui travaille une heure de moins, grâce à ces machines à économiser du labeur, comme on dit[1].

Beauté et nature

William Morris sentit très tôt la nécessité de protéger les cadres de vie des êtres humains. En 1877, il crée la Société pour la protection des bâtiments anciens, suivant l'idée que laisser disparaître la beauté des œuvres du passé et du travail des hommes qui en est la source, c'est accélérer le développement de la laideur, déjà bien avancé dans les productions industrielles.

Pour Morris, il ne s'agit pas seulement de préserver la beauté de monuments exceptionnels qui seraient l'héritage universel de l'humanité, il s'agit surtout de permettre aux hommes d'exprimer leur créativité dans le travail et de créer des objets beaux et des environnements agréables. La modernité s'est traduite selon lui par la mort des arts décoratifs, qui sont consubstantiels au travail et donc à la vie.

---

1. *Ibid.*, p. 57.

Au temps où l'art était abondant et florissant, tous les hommes étaient plus ou moins des artistes. Autrement dit, l'instinct de la beauté, qui est inné chez chaque homme normalement constitué, avait tellement de force que la corporation tout entière des artisans créait sans effort de belles choses, et le public des artistes relevant de l'art intellectuel embrassait le peuple tout entier. [...] Mais de nos jours, je l'ai dit et répété, le peuple entier ne se soucie pas de l'art et l'ignore. L'instinct inné du beau est entravé de toutes parts, et le résultat pour l'art plus ou moins intellectuel est qu'en tant qu'expression spontanée et populaire de l'instinct de la beauté, il finit par disparaître[1].

Le travail s'est transformé avec le capitalisme. Celui des maîtres artisans produisait des objets solides, utiles et beaux, parce qu'il « faisait appel à l'homme dans son entier et non à de petites fractions de plusieurs hommes[2] ». Puis ce sont des groupes d'hommes qui ont commencé à produire les biens, avec la division du travail. Mais cela n'interdisait pas encore toute considération pour la beauté. En revanche, avec la recherche du profit érigée en but suprême, peu importe la mauvaise qualité des productions et leur laideur intrinsèque, puisqu'il s'agit de vendre et que vendre est toujours possible dès lors qu'on crée la demande. Cette critique de la laideur par Morris peut paraître incongrue et dogmatique. Mais nous avons été

1. William Morris, « L'art en ploutocratie » (1883), in *L'art et l'artisanat*, Paris, Rivages, 2011, p. 56.

2. *Ibid.*, p. 69.

tellement conditionnés par la consommation que nous ne nous étonnons plus de la médiocrité et du caractère de pacotille des objets que nous acquérons, dont la « beauté » éphémère, liée à la seule nouveauté sur le marché, dure un temps très court[1].

Morris définit, de manière étonnante, l'art comme « l'expression par l'homme de la joie qu'il tire de son travail[2] ». C'est dire que la beauté n'est pas quelque chose qui vient s'ajouter, de l'extérieur ou dans un second temps, à la production ; elle lui est intrinsèque dans les conditions où l'artisan peut exprimer sa libre créativité : « Les arts appliqués aux objets utilitaires ne relèvent pas de la frivolité, mais de ce que la vie a de plus sérieux[3]. » Avec la fin de l'artisanat l'emporte une production sans art, qui ne correspond plus elle-même à aucun plaisir de produire. Sa « beauté » n'est qu'apparente, n'est pas intrinsèque à l'objet, ne constitue pas son essence vivante, mais un simple enjolivement superficiel et précaire, à la manière d'un décor surajouté, nécessaire pour plaire à l'œil, le temps que l'objet soit acheté :

1. Il est étonnant de voir combien les objets actuels perdent leur beauté très rapidement, particulièrement ceux qui sont faits en plastique, alors que de nombreux objets fabriqués par le passé gagnaient au contraire en beauté avec le temps et sa patine.

2. *Ibid.*, p. 64.

3. William Morris (1889), « Les arts appliqués aujourd'hui », in *L'âge de l'ersatz*, *op. cit.*, p. 88.

> L'artisan, en façonnant l'objet qu'il avait entre les mains, l'ornait si naturellement et si totalement, sans même avoir conscience de fournir un effort, qu'il est souvent difficile de savoir où finit la part purement utilitaire de son travail et où commence la part de décoration. [...] Tout cela a désormais bel et bien disparu du travail en civilisation. Celui qui veut de l'ornementation doit payer pour l'avoir, et le travailleur est obligé d'en fabriquer comme il fabriquerait n'importe quelle autre marchandise. Il est ainsi contraint de feindre la joie, de sorte que ce qui était jadis un réconfort – produire de la beauté de ses propres mains – lui est devenu un fardeau supplémentaire[1].

Les ouvriers sont attachés à leur poste de travail comme des forçats à leur boulet, ils attendent, dans la souffrance, la fin de leur journée de labeur. Les objets sont donc le produit d'une torture et non de la joie de travailler, ils n'ont aucun caractère artistique. Ils ont une valeur marchande, mais pas de valeur humaine, ils sont le produit du travail d'une bête de somme, plutôt que d'un être humain libre et créatif[2]. Le plaisir de produire est ce

1. William Morris, « Travail utile et vaine besogne », in *La civilisation et le travail*, *op. cit.*, p. 52-53.

2. « Un homme qui travaille, qui fabrique quelque chose, et qui sent que c'est son travail et sa volonté qui donnent corps à cette chose, exerce tout autant les forces de son esprit et de son âme que celles de son corps. La mémoire et l'imagination l'aident dans son œuvre. Ses mains sont guidées non seulement par ses propres pensées, mais par les pensées des hommes qui l'ont précédé au cours des siècles ; en tant que membre de l'espèce humaine, il crée. Si nous travaillons ainsi, nous serons des hommes, et nos jours seront joyeux et mémorables » (*ibid.*, p. 32).

qui rend cet acte sensé et humain. Sans lui, l'homme est pareil à une machine, dont le destin est d'être remplacé – comme nous le voyons depuis l'époque de William Morris – par de vraies machines, plus performantes et moins coûteuses. Au bout de la logique du profit et de la fin de l'art populaire, c'est-à-dire de l'art consubstantiel à la vie, il y a le chômage de masse et le désespoir.

Mais le gaspillage capitaliste a aussi et surtout des conséquences graves sur la nature, qui n'ont cessé de s'accentuer depuis l'époque de notre auteur, lui-même véritable précurseur de la pensée écologique.

> Quelle sorte de bilan serons-nous capables de dresser, pour ceux qui viendront après nous, de notre commerce avec la terre, qui était encore belle quand nos ancêtres nous l'ont transmise, malgré les millénaires de conflits, de négligence et d'égoïsme[1] ?

La recherche du profit n'a pas de limites, nous n'en sommes d'ailleurs pas sortis. William Morris, qui en expérimentait les prémices, faisait preuve d'une lucidité certaine ; il comprenait que la grande industrie était en train d'imposer la destruction du travail au profit d'une industrialisation et d'une mécanisation insensées, niant la sensibilité et les facultés humaines, impliquant l'oubli de la nature, avec laquelle l'humanité vivait tant bien que

---

1. William Morris, « L'art en ploutocratie », in *L'art et l'artisanat*, *op. cit.*, p. 51.

mal, au profit d'une artificialisation outrancière des environnements humains.

Pour Morris, il y a en l'homme un besoin de nature que rien ne peut remplacer. Séparer la civilisation de la nature, c'est donner à l'exploitation des ressources des perspectives sans limites, c'est accorder à l'industrie d'être seule pourvoyeuse des besoins humains, en écartant les remèdes naturels aux maladies, en substituant des biens de consommation à des environnements naturels préservés.

> Préserver la pureté de l'air et la propreté des rivières, prendre la peine de garder prés et labours aussi agréables que leur usage rationnel le permet, accorder à des citoyens pacifiques la liberté de se promener où ils veulent, tant qu'ils n'abîment pas les jardins ou les champs de blé, voire même préserver ici et là un coin de prairie ou de montagne de toute clôture et de tout labour, en témoignage des luttes plus rudes de l'homme avec la nature dans les premiers temps de l'humanité : est-ce trop demander à la civilisation de se soucier autant du plaisir et du repos de l'homme, et de venir le plus possible en aide à ses enfants à qui elle a souvent imposé de pénibles corvées harassantes ? Ce n'est sûrement pas une demande déraisonnable. Mais l'on n'obtiendra rien avec le système actuel de la société. Cette disparition de l'instinct de beauté, qui nous a amenés à perdre l'art populaire, s'emploie à nous priver de la seule compensation possible pour cette perte, en détruisant sûrement et lentement toute beauté sur la surface de la Terre[1].

1. *Ibid.*, p. 59.

Chez William Morris, la rupture avec la nature, l'artificialisation extrême, la médiocrité des environnements urbains sont source de malaise. Les « ersatz », les « succédanés », la « pacotille », la « camelote », les « pis-aller », « l'adultération » (tous ces termes sont de Morris) sont au cœur de la production industrielle.

Il devient même très difficile de simplement jouir de la nature, de sa simplicité, de sa véracité, parce que « l'omniprésence des ersatz et [...] le fait de s'en accommoder forment l'essence de ce que nous appelons civilisation[1] ». Pourtant, une vie simple, au contact de la nature, des éléments, dans laquelle on sait laisser le temps passer sans s'impatienter, où regarder autour de soi et apprécier les objets qui nous entourent parce qu'ils sont beaux et utiles, une telle vie est une vie de satisfaction. Retrouver le plaisir de vivre en rompant avec l'insatisfaction décrite par William Morris et radicalisée depuis dans nos sociétés où l'inquiétude est très présente – caractérisée depuis peu par le terme d'écoanxiété (peur de l'avenir, angoisse sourde devant la fragilité des objets qui constituent notre environnement, crainte face à l'émergence des crises) –, voilà ce que propose notre auteur, qui s'est efforcé toute sa vie de le réaliser. Ce point de vue, qui paraît utopique au regard de la domination de l'industrie, fait pourtant ses preuves, pour tous ceux qui ont déjà rompu au quotidien

1. William Morris, « L'âge de l'ersatz », in *L'âge de l'ersatz*, *op. cit.*, p. 121.

avec la consommation. S'il « est devenu impossible de s'adonner pleinement à la simple vie animale de l'homme pour la plupart des peuples civilisés[1] », cela reste le seul horizon possible d'une sortie des crises de nos sociétés fondées sur l'insatisfaction et la dépendance à l'égard des ersatz.

1. William Morris, « L'art en ploutocratie », in *L'art et l'artisanat*, *op. cit.*, p. 58-59.

LE SOCIALISME ET L'EXERCICE DES FACULTÉS HUMAINES

Dans ses activités de conférencier pour la Socialist League – l'un des premiers partis socialistes révolutionnaires britanniques, issu de la scission de la Socialist Democratic Federation –, en 1884, William Morris a décrit quelles étaient les conditions d'une société permettant l'épanouissement de chacun comme individu et comme être social. Le socialisme est la doctrine politique qui correspond à l'utopie morrissienne. Il ne s'agit pas pour lui de se soumettre à un courant préexistant et d'y réduire sa lutte politique, mais de contribuer à construire un mouvement politique permettant de donner un visage concret à la lutte contre la société industrielle.

À cette époque, le mouvement socialiste en était à ses débuts. D'ailleurs, le socialisme de Morris est resté marginal et n'a pas eu l'influence qu'espérait celui-ci, parce que la place occupée par le marxisme et le développement de la production était centrale. Pourtant, sa critique de la société industrielle et des illusions du machinisme a continué d'agir de manière souterraine sur les consciences et a contribué à la formation de la pensée écologique.

L'un des grands intérêts de l'œuvre de William Morris est d'allier le souci pour la nature et la préservation de milieux de vie humanisés, loin d'un environnementalisme qui ignorerait que l'écologie est la prise en compte des liens qui unissent les êtres vivants à leurs milieux, et donc l'humanité aux organisations sociales. Un auteur et homme politique important comme Léon Bourgeois, initiateur du courant du « solidarisme », s'inscrira ainsi explicitement dans la voie dessinée par Morris, en plaidant lui aussi pour « un art par et pour le peuple[1] ».

Cette critique de la société moderne montre les bénéfices d'un dépassement des aliénations qui sont au cœur du capitalisme : la soumission des masses de travailleurs à l'appareil de production, la dépendance pour la satisfaction de leurs besoins à l'égard d'une industrie soucieuse de son seul profit, la destruction de la nature et de la beauté artisanale. Les masses sont privées de tout pouvoir dans un système cherchant constamment à reproduire les

1. Voir Léon Bourgeois, « L'éducation artistique. Les artistes et la démocratie », discours prononcé au banquet de la Société populaire des beaux-arts le 15 décembre 1896, cité in Neil McWilliam, Catherine Méneux et Julie Ramos (dir.), *L'art social de la Révolution à la Grande Guerre. Anthologie de textes sources*, Paris, INHA, 2014 (consultable sur urlz.fr/lONQ).

inégalités. Dans ces conditions, Morris ne condamne pas la violence et pense la révolution nécessaire. Il y a sans doute de la naïveté chez lui, et il ne semble pas avoir pensé les conditions de ce dépassement. Son engagement politique s'inscrit dans un système parlementaire qu'il critique par ailleurs et prend principalement la forme de conférences avec lesquelles il espérait pouvoir convaincre les masses et les mettre en mouvement.

> Je donne donc priorité à la propagande, qui consiste à enseigner à tous quel est notre but, en quoi il est rationnel et combien il est nécessaire. Nous avons beaucoup fait en la matière, mais certainement pas assez. Non, pas suffisamment, tant que chaque ouvrier, chaque ouvrière, ayant envisagé l'avènement possible d'un autre monde, ne l'aura soit rejeté, soit accepté. Oui, tant que, ce monde, nous ne l'aurons pas décrit assez souvent, clairement et honnêtement pour qu'il soit voulu par tous ou presque[1].

Cette naïveté de croire que convaincre les masses permettra de renverser la table s'apparente à un idéalisme politique et consiste à penser possible l'avènement d'une démocratie totale, fondée sur l'égalité et le triomphe de la raison et de l'intérêt commun. Pour ce faire, la politique doit cesser de n'avoir pour but que le pouvoir et devenir l'instrument d'une transformation radicale de la société[2],

1. William Morris, « L'âge de l'ersatz », in *L'âge de l'ersatz*, *op. cit.*, p. 138.

2. « L'action politique en soi doit être comprise comme moyen et non pas comme but de ce combat » (*ibid.*).

ce qui reste hypothétique. Pour Morris, le socialisme doit permettre l'exercice plein et entier des facultés humaines, sans lesquelles l'existence est considérablement dégradée :

> Il est juste et raisonnable que les hommes, à l'instar de la nature, s'efforcent d'embellir ce qu'ils fabriquent et que ce travail soit lui-même agréable, comme la nature rend plaisant l'exercice des fonctions naturelles chez les êtres sensibles[1].

C'est en s'appuyant sur les désirs humains qu'une révolution radicale est possible. Il convient de faire entrevoir l'usage libre des facultés, les bénéfices que chacun peut tirer d'une nature préservée, d'un travail agréable, de productions utiles et belles, de la gratuité et de la coopération. Mais tout est fait pour verrouiller les désirs, pour éviter qu'ils ne s'expriment librement. Les ersatz sont conçus pour apporter une satisfaction de substitution qui exige d'être constamment renouvelée : personne n'y trouve de contentement, mais le système industriel crée des dépendances. Depuis l'époque de Morris, la société de consommation a généralisé l'objet de cette critique.

William Morris projette la possibilité pour les êtres humains de devenir des « hommes complets », pouvant jouir de l'existence sur tous les plans, intellectuel comme affectif, manuel comme animal, moral comme spirituel. Il a conservé toute sa vie chevillé au corps l'espoir d'un

1. William Morris, « Les arts appliqués aujourd'hui », in *L'âge de l'ersatz, op. cit.*, p. 87-88.

monde nouveau, fondé sur les désirs humains et libérant les hommes de tout ce qui réduit leurs facultés de vivre, de créer, d'être heureux et de se réaliser eux-mêmes pleinement.

CONCLUSION

La vie et l'œuvre de William Morris anticipent les difficultés des courants de la décroissance. Comment assurer une vie décente à tous sans s'appuyer sur la mécanisation de la production ? Comment fabriquer, en rupture avec l'industrie, des produits beaux, utiles et solides sans qu'ils deviennent des objets de luxe ? Comment abandonner la division du travail, son lot de souffrances et d'aliénations, au profit d'un artisanat qualifié sans que cela implique la marginalisation des travailleurs ?

Morris répond à ces questions à la fois par son œuvre écrite et artisanale et par son engagement dans l'économie et dans la politique.

Morris bénéficiait de la fortune de sa famille qui l'a largement mis à l'abri du besoin, ce qui fausse nécessairement la donne pour savoir si son idéal représente une perspective alternative viable. Pourtant, son entreprise, sans être toujours prospère, a réussi à vendre et à dégager des bénéfices, même si les commandes ne venaient pas des milieux populaires. Il n'en a pas moins tenté d'allier l'action concrète dans les arts décoratifs et la lutte politique, notamment par la création de conditions de travail décentes dans une entreprise rentable. Quel que soit le bilan de cette dernière, les engagements de William Morris montrent que le monde moderne est fondé sur des illusions solidement ancrées, celle d'un progrès réduit à sa dimension technique, celle d'une croissance de la production indifférente à ses conséquences, celle d'une aliénation dissimulée derrière les « bonnes » intentions du « développement », et plus tard de « la consommation pour tous ».

Il convient de réorganiser économiquement la société, en partant des besoins fondamentaux. Ce qui ne signifie pas qu'il ne puisse pas y avoir de produits « de luxe », qui permettent de satisfaire le goût des hommes pour le plaisir et l'exception. La production doit également répondre au besoin humain de création, au lieu d'être une activité soumise à une exigence de rentabilité indifférente à l'épanouissement des producteurs. Le capitalisme engendre un gaspillage sans équivalent des ressources et des produits, il implique, avec la société de consommation, une satisfaction des besoins qui se transforme aussitôt en déception et en frustration. C'est pourquoi faire, dans la voie tracée par William Morris, de la satisfaction et de l'épanouissement personnel les principes d'une réforme globale de l'organisation sociale, économique et politique est un enjeu capital de notre temps. Il n'y aura pas de sortie des crises écologiques, politiques et sociales sans un changement radical de nos manières de nous organiser, de produire et de consommer. L'action et l'œuvre de William Morris ont un sens moral que nous pouvons reprendre à notre compte pour construire une société juste et heureuse.

TEXTES CHOISIS

CRITIQUE DU CAPITALISME

Comme Morris valorise le Moyen Âge, on pourrait penser qu'il passe sous silence les inégalités effroyables qui le caractérisent. Il n'en est rien, comme le montre le texte qui suit. Le personnage de John Ball, dont on connaît peu de chose, est resté célèbre en Angleterre pour ses prêches égalitaires. En 1381, il accompagne une révolte de paysans jusqu'à Londres, où des pourparlers pour la fin du servage et la réduction du pouvoir des seigneurs ont lieu avec le roi. Ce texte, publié dans la revue de la Socialist League, The Commonweal, *était destiné à être lu par des ouvriers.*

Il présente l'intérêt de montrer que le capitalisme, tout en libérant les hommes du servage, ne les a pas rendus libres, et qu'ils subissent une autre forme d'esclavage, sans doute aggravée par le fait que les outils de production, terres comprises, leur échappent complètement. Par ailleurs, Morris souligne que le mouvement des enclosures, *c'est-à-dire l'appropriation des terres communes et l'exclusion des paysans, qui s'étend du* XIIe *au* XVIIe *siècle en Angleterre (mais principalement à partir du* XVI*e* *siècle, ce qui indique un léger anachronisme de la part de l'auteur, sans doute volontaire et ayant pour but d'insister sur la continuité historique des luttes pour l'égalité), a commencé à séparer l'économie et la recherche du profit de toute autre considération.*

— Écoute bien, mon ami, lui dis-je : avant, la plupart des seigneurs possédaient des terres et tout ce qui se trouvait dessus, et les hommes qui se trouvaient dessus travaillaient pour eux de la même façon que leurs chevaux travaillent pour eux, et tout ce que produisaient ces hommes, moins le peu qui leur servait à se nourrir et se loger, était pour les seigneurs ; mais, dans les temps qui viendront, les seigneurs verront les hommes prospérer sur leurs terres, et se diront comme par le passé : « Ces hommes ont plus qu'il ne leur faut, pourquoi n'aurions-nous pas ce surplus, puisque nous sommes leurs seigneurs ? » Et, dans les temps qui viendront, les hommes se mettront à commercer beaucoup entre eux, et les pays entre eux, pour marchander des biens ; et les seigneurs s'aviseront qu'en ayant moins de blé et moins d'hommes sur leurs terres, ils pourraient avoir davantage de moutons, et donc davantage de laine à marchander, ce qui les rendrait beaucoup plus riches que par le passé : parce qu'ils possèdent leurs terres en maîtres incontestés, que ces terres sont louées à des hommes qui leur paient une redevance ou travaillent pour eux (à l'exception, ici ou là, de la petite ferme ou du clos d'un franc tenancier), et que toutes ces terres pourraient produire de la laine à vendre aux marchands de la Hanse. L'Angleterre fera alors une grande découverte : alors que jusqu'ici les hommes avaient vécu sur la terre et de la terre, la terre, désormais, n'aura plus besoin d'eux, et beaucoup de moutons pour une poignée de bergers suffiront à produire de la laine, qu'on vendra contre de l'argent aux marchands de la Hanse, argent que les seigneurs empocheront : car, vois-tu, ils emploieront les hommes de justice et la force, et voudront garder la terre pour eux et pour leurs moutons ; et, à l'exception de ces seigneurs nantis de terres, rare sera l'homme libre, sur son petit quart d'arpent, qu'un mot du seigneur ne suffise à jeter dehors.

— Qu'entends-tu par là ? demanda John Ball. Les hommes seront-ils de nouveau des serfs ?

— Nenni, répondis-je, il n'y aura plus de serfs en Angleterre.

— Ce sera certainement pire alors, dit-il, et tous les hommes, hormis quelques-uns, seront des esclaves qu'on pourra vendre et acheter sur le marché.

— Mon cher ami, lui dis-je, il n'en sera pas ainsi ! Tous les hommes seront aussi libres que vous voudriez qu'ils le soient ; pourtant, comme je l'ai dit, bien peu posséderont suffisamment de terre pour se tenir dessus, à moins d'acheter cette grâce auprès de leurs maîtres.

— C'est là, dit-il, que je cesse de comprendre. Je sais ce qu'est un esclave : il appartient à son maître à toute heure et ne s'appartient pas ; je sais ce qu'est un serf, qui tantôt s'appartient, et tantôt à son maître ; et je sais ce qu'est un homme libre, qui s'appartient toujours ; mais comment peut-il s'appartenir s'il n'a rien pour gagner son pain ? Ou devra-t-il se faire voleur, et prendre aux autres leur bien ? Mais il devient alors un hors-la-loi. Voilà, en vérité, une bien grande merveille : tu me parles d'un homme libre qui n'a pas de quoi gagner son pain !

— Et pourtant, ainsi en ira-t-il, et ce sont ces hommes libres qui produiront tous les biens.

— Nenni, point n'est possible ; tu parles en énigmes, dit-il ; et comment un menuisier peut-il faire un coffre sans le bois et les outils nécessaires ?

— Il doit acheter la permission de s'en servir, répondis-je, auprès de ceux qui possèdent tout, à l'exception de lui et ses pareils.

— Oui da, mais avec quoi l'achètera-t-il ? demanda John Ball. A-t-il autre chose que lui-même à offrir ?

— C'est donc avec lui-même qu'il l'achètera, dis-je, avec son corps et la force de travail que ce corps contient ; il achètera au prix de son travail la permission de travailler.

— Énigmes encore que cela ! rétorqua-t-il ; comment un homme peut-il vendre son travail contre autre chose que son pain quotidien ? Il doit gagner par son travail de quoi manger, boire, se vêtir et se loger ! Peut-il vendre son travail deux fois ?

— Non pas, répondis-je, mais c'est sans doute ce qu'il fera ; il commencera par se vendre, c'est-à-dire par vendre sa force de travail au maître qui veut bien consentir à ce qu'il travaille, et ce maître prélèvera sur les biens produits juste assez pour que l'homme reste en vie, qu'il engendre des enfants et les nourrisse jusqu'à ce qu'ils soient en âge d'être vendus comme lui, et l'homme riche gardera pour lui le reste des biens.

John Ball partit d'un grand rire et dit :

— Eh bien, je vois que nous sommes encore au pays des énigmes. Cet homme peut bien survivre en faisant comme tu le dis, mais il ne peut certainement pas vivre en homme libre.

— Tu dis la vérité, répondis-je.

Extrait tiré de William Morris (1886), *Un rêve de John Ball*, Paris, Aux forges de Vulcain, 2022, p. 120-124.

LE GASPILLAGE

Dans ce texte, William Morris et son coauteur, l'avocat, journaliste et militant socialiste Ernest Bax (avec lequel, entre autres, Morris fonda la Socialist League en 1884), expliquent que le gaspillage est intrinsèque au capitalisme et à sa recherche effrénée de profit, ce dernier ne pouvant croître qu'à travers la vente d'objets sans réelle utilité et peu fiables. Au-delà de la critique marxiste du travail, ce texte préfigure les mises en cause de la société de consommation telles qu'elles seront formulées plusieurs décennies plus tard.

La concurrence, ou guerre déguisée, non seulement entre les classes, mais aussi à l'intérieur des classes elles-mêmes, fait vivre ce système : il y a rivalité entre les travailleurs pour leur stricte subsistance, ainsi qu'entre leurs maîtres, patrons et intermédiaires, pour le partage du profit extorqué aux travailleurs ; il y a aussi concurrence, et parfois guerre ouverte, entre les nations du monde civilisé pour le partage du marché mondial. Car, aujourd'hui, toutes les rivalités entre nations ont été réduites à cette guerre seule – une lutte dégradante pour le partage des dépouilles des pays aux sous-sols riches en ressources qui vont servir en métropole à accroître la richesse des riches et la pauvreté des pauvres.

Il faut entendre ce texte comme un concentré non directement des thèses de Morris, mais des convergences de l'auteur avec un mouvement politique naissant. Ce qui est intéressant pour le lecteur, c'est de voir que sa pensée n'est pas coupée des préoccupations de l'action.

Car, étant donné que les marchandises sont fabriquées d'abord pour être vendues, et en second lieu seulement pour l'usage, le travail est gaspillé de toutes parts : la poursuite du profit contraint le fabricant rivalisant avec ses comparses à imposer ses marchandises sur les marchés, moyennant leur bas prix, qu'il y ait une demande effective ou non pour celles-ci. Selon les termes du *Manifeste communiste* de 1848 parlant de la bourgeoisie, « le bon marché de ses produits est la grosse artillerie qui bat en brèche toutes les murailles de Chine et contraint à la capitulation les barbares les plus opiniâtrement hostiles aux étrangers. Sous peine de mort, elle force toutes les nations à adopter le mode bourgeois de production ; elle les force à introduire chez elles la prétendue civilisation, c'est-à-dire à devenir bourgeoises. En un mot, elle se façonne un monde à son image ».

De plus, la méthode de distribution dans ce système est d'un bout à l'autre gaspillage ; car elle emploie des armées entières de commis, de voyageurs de commerce, de vendeurs, de faiseurs de réclame, et toutes sortes de moyens, uniquement pour faire passer l'argent de la poche de l'un dans celle de l'autre. Ce gaspillage dans la production et dans la distribution, s'ajoutant à l'entretien de l'existence inutile de la classe possédante et non productrice, doit être payé entièrement en prélevant sur le produit des travailleurs, et c'est un fardeau qui pèse continuellement sur eux.

Voilà pourquoi les résultats inévitables de cette soi-disant civilisation n'apparaissent que trop clairement dans l'existence de ses esclaves – la classe ouvrière –, dans le souci et l'absence de loisirs au milieu desquels ils peinent ; dans l'insalubrité et la misère des quartiers de nos grandes villes qu'ils habitent ; dans la dégradation de leur corps, leur mauvaise santé et la brièveté de leur vie ; dans cette terrible brutalité, si commune chez eux, qui n'est en fait que le reflet de l'égoïsme cynique que l'on rencontre dans les classes nanties, une brutalité aussi hideuse que celle-là ; enfin, dans la foule des criminels, qui sont tout autant le produit de notre système commercial que les immondes marchandises à vil prix, faites autant pour être consommées par le pauvre que pour l'asservir.

Mais alors, quel remède proposons-nous à cet échec de notre civilisation, admis aujourd'hui par presque tous les gens qui réfléchissent ?

Nous avons déjà montré que les travailleurs, bien qu'ils produisent toute la richesse sociale, n'ont aucun pouvoir sur sa production ou sa distribution : le peuple, qui est la seule partie réellement organique de la société, est traité comme un simple accessoire du capital, comme un élément de sa machinerie. Cela doit être fondamentalement modifié : la terre, le capital, les machines, les usines, les ateliers, les entrepôts, les moyens de transport, les mines, les banques, tous les moyens de production et de distribution de la richesse doivent être déclarés propriété commune et traités comme telle. Toute personne recevra alors la pleine valeur de son travail sans déduction au profit d'un maître ; comme tous devront travailler et que le gaspillage causé par la chasse au profit aura pris fin, la somme de travail que chaque individu devra fournir pour accomplir la tâche essentielle de la société sera réduite à quelque chose comme deux ou trois heures par jour ; si bien que chacun aura d'abondants loisirs pour s'adonner à des projets intellectuels ou autres, conformes à sa nature.

Ce changement du mode de production et de distribution permettra à chacun de vivre décemment, libéré du souci sordide de gagner chaque jour son pain, qui pèse à présent si lourdement sur la plus grande partie de l'humanité.

Extrait de Ernest Bax et William Morris, *Manifeste de la Socialist League*, 1885 (traduction et édition françaises inconnues, texte consultable sur urlz.fr/7j2h).

LA GRATUITÉ

Nouvelles de nulle part *constitue sans doute le texte le plus important de notre auteur. Le titre l'inscrit directement dans la tradition utopique, puisque le mot « utopie » inventé par Thomas More (1516) signifie à la fois le lieu du bonheur et le lieu qui n'existe pas. Beaucoup d'utopies mettent en scène le récit d'un voyageur temporel, un périple dans un pays éloigné dans le temps ou dans l'espace et qui est en décalage complet avec les mœurs des contemporains.*

Le voyage dure ici cinq jours. Dans cette société située en Angleterre, dans les années 2000, Londres a disparu au profit de petits villages. Le narrateur, Morris lui-même, raconte qu'il s'est endormi après être rentré d'une réunion animée à la Socialist League « sur la question de savoir ce qui se passerait au lendemain du Grand Soir ». Son récit est donc celui de son rêve de la « société de l'avenir ». Situé à Hammersmith, un des faubourgs de Londres, il permet d'insister sur le fait que l'utopie n'est pas qu'un château en Espagne, mais une projection mentale capable d'advenir à l'endroit même où l'on se trouve, grâce à la puissance du désir.

Les extraits que nous présentons montrent la rupture avec l'économie fondée sur la recherche du profit et font de la gratuité le fondement d'un bouleversement radical des modes de vie et des relations entre les êtres humains.

— Voyez-vous, dit Dick, nous avons ici un autre marché construit sur un principe différent de la plupart ; les étages supérieurs de ces bâtiments servent de maisons d'hôte ; en effet, de tout le pays, on se laisse volontiers entraîner à venir ici de temps en temps, car, comme vous pourrez bientôt vous en rendre compte, l'affluence y est grande : et il y a des gens qui aiment la foule, bien que je ne puisse dire que je suis de ceux-là.

Je ne pus m'empêcher de sourire en songeant combien les traditions sont dures à mourir. Nous avions là le spectre de Londres qui continuait à s'affirmer comme centre – centre intellectuel pour autant que je pusse savoir. Je ne dis rien cependant, sauf pour lui demander de conduire très lentement, les objets qu'on voyait aux étalages me paraissant extrêmement jolis.

— Oui, dit-il, c'est un marché où l'on trouve beaucoup de jolies choses, et qui est en général réservé aux articles de choix : le marché du Parlement, où sont exposés choux, navets et autres produits similaires ainsi que la bière et les vins de qualité courante étant si près d'ici.

Puis il me regarda curieusement et proposa :

— Peut-être aimeriez-vous faire quelques emplettes, comme on dit ?

Je regardai ce que je pouvais voir de mes vilaines nippes de gros drap bleu que j'avais eu mainte occasion de comparer avec les gais atours des citoyens que nous avions croisés en chemin ; et je me dis que si, comme c'était probable, je devais bientôt être exhibé comme objet de curiosité pour l'amusement de cette population éminemment frivole, j'aurais aimé avoir un peu moins l'air d'un subrécargue en chômage. Mais, malgré tout ce qui m'était déjà arrivé, ma main prit une fois de plus le chemin de ma poche où, à ma grande consternation, elle ne rencontra pas le moindre objet de métal, à l'exception de deux clés rouillées ; et il me revint que, dans le feu de la conversation à la maison d'hôte de Hammersmith, j'avais sorti mon argent de ma poche pour le montrer à la jolie Annie, et l'avais oublié sur la table. Ma mine s'allongea de moitié et Dick, me fixant du regard, me dit avec quelque vivacité :

— Eh bien, Hôte, qu'est-ce qu'il y a encore ? Une guêpe vous pique ?

— Non, dis-je, mais j'ai oublié…

— Eh bien, dit-il, quoi que ce soit que vous ayez oublié, il vous sera facile d'en trouver au marché ; ne vous mettez pas martel en tête.

J'avais repris mes esprits et, me rappelant les stupéfiantes coutumes de ce pays, ne me souciais point de m'attirer une seconde conférence d'économie politique ou sur les monnaies du règne d'Édouard III ; je me bornai donc à dire :

— Mes habits… Ne pourrait-on... C'est que, vous comprenez… Que peut-on faire, à votre avis ?

Il ne me parut aucunement disposé à se moquer, mais me répondit avec une extrême gravité :

— Oh ! Ne changez pas encore vos vêtements. Vous comprenez, mon grand-père s'occupe d'archéologie et il voudra vous voir dans l'état même où vous êtes. Et, vous savez, je ne veux pas vous infliger un sermon, mais ce ne serait certainement pas très bien de votre part que de priver les gens du plaisir d'étudier votre costume en allant vous mettre comme tout le monde. Vous le sentez, n'est-ce pas ? dit-il d'un ton pénétré.

Je ne me sentais nullement tenu de me poser en épouvantail au sein de ce peuple épris de beauté, mais je compris que je venais de donner contre quelque préjugé indéracinable, et que ce ne serait pas chose à faire que de me quereller avec mon nouvel ami. Je me contentai donc de dire :

— Mais bien sûr, bien sûr… évidemment.

— Allons, dit-il aimablement, autant vous faire voir à quoi ressemble le dedans de ces boutiques ; pensez à quelque chose que vous désireriez avoir.

— Pourrai-je avoir, dis-je, du tabac et une pipe ?

— Mais naturellement, dit-il. À quoi pensais-je donc, pour ne pas vous l'avoir demandé plus tôt ? Voyez-vous,

Bob ne cesse de me répéter que nous autres, non-fumeurs, nous sommes des égoïstes, et je crains fort qu'il n'ait raison. Mais venez : voici justement l'endroit qu'il nous faut.

[...] Nous étions alors à l'intérieur du magasin ou de la boutique, qui avait des rayons le long des murs et un comptoir, tout cela très bien tenu, quoique sans ostentation prétentieuse et, à cette différence près, assez semblable à ce à quoi j'étais habitué. À l'intérieur se tenaient deux enfants – un petit garçon d'une douzaine d'années, à la peau hâlée, assis un livre à la main, et une jolie fillette d'environ un an son aînée, qui elle aussi lisait, assise derrière le comptoir ; ils étaient de toute évidence frère et sœur.

— Bonjour, petits voisins, dit Dick. Mon ami que voici voudrait du tabac et une pipe ; que pouvez-vous faire pour lui ?

— Mais certainement, dit la fillette, avec un mélange de vivacité et de réserve qui ne laissait pas que d'être divertissant.

Le petit garçon leva les yeux et fixa son regard sur mon costume d'un autre monde, mais bientôt rougit et détourna les yeux, comme s'il avait eu conscience d'avoir commis une incorrection.

— Mon cher voisin, dit la fillette avec cette expression d'extrême solennité des enfants qui jouent à tenir boutique, quelle sorte de tabac voulez-vous ?

— Du latakié, dis-je, avec la sensation de prendre part à un jeu d'enfants, et me demandant s'il en résulterait quelque chose de plus substantiel qu'une illusion.

Mais la fillette prit un mignon petit panier sur un rayon qui était à côté d'elle, alla prendre dans un bocal une certaine quantité de tabac et en emplit le panier. Ce disant, elle se mit à le bourrer et le posa près de moi en annonçant :

— Et maintenant, la pipe. Vous me permettrez également de la choisir : nous venons d'en recevoir trois, très jolies.

De nouveau, elle disparut et revint tenant à la main une pipe à gros fourneau, laborieusement sculptée dans un bois dur et montée en or serti de petites pierres précieuses… Bref, un aussi joli et brillant colifichet que j'eusse jamais vu ; quelque chose comme de l'ouvrage japonais de haute qualité, mais en mieux.

— Grand Dieu ! dis-je en la voyant, ceci est beaucoup trop splendide pour moi, ou pour n'importe quelle autre personne que l'Empereur universel lui-même. D'ailleurs, je la perdrais : je perds toutes mes pipes.

L'enfant eut l'air un peu décontenancée et me dit :

— Elle ne vous plaît pas, voisin ?

— Oh, mais si ! dis-je, bien sûr qu'elle me plaît.

— Eh bien donc, prenez-la, dit-elle, et ne vous inquiétez pas de la perdre. Qu'est-ce que cela peut bien faire ? Quelqu'un ne peut manquer de la trouver et s'en servira ; et vous, vous pourrez vous en procurer une autre.

Je la lui pris des mains pour la regarder et, ce faisant, oubliant toute prudence, je dis :

— Mais comment vais-je bien faire pour payer une chose pareille ?

Comme je prononçais ces mots, Dick me mit la main sur l'épaule ; et, me retournant et mes yeux rencontrant les siens, j'y vis une expression comique qui me mit en garde contre toute autre manifestation d'une moralité commerciale périmée ; je rougis donc et me tus, tandis que la fillette se contentait de me regarder de l'air de la plus profonde gravité, comme si j'avais été un étranger mal à l'aise dans la langue du pays : car il était clair qu'elle n'y comprenait rien.

— Je vous remercie de tout mon cœur, dis-je enfin avec effusion en mettant la pipe dans ma poche, non sans me demander avec quelque appréhension si tout cela ne finirait pas devant les juges.

— Oh, tout à votre service, dit la petite bonne femme en se donnant des airs de grande dame du plus piquant effet. C'est un si grand plaisir de servir d'adorables vieux messieurs comme vous ; surtout lorsqu'on voit tout de suite qu'ils viennent de bien loin par-delà les mers…

— Oui, mon enfant, dis-je, j'ai beaucoup voyagé.

Extraits de William Morris (1890), *Nouvelles de nulle part*, Montreuil, L'altiplano, 2009, p. 81-91.

LE TRAVAIL LIBRE ET UTILE

Ce texte est extrait d'une conférence donnée en janvier 1884 devant le Club libéral de Hampstead. L'auteur y critique la soumission forcée des travailleurs à leur tâche par le capitalisme et la séparation des classes. Il milite pour un travail de subsistance qui doit permettre le dépassement de l'inégalité, c'est-à-dire à la fois du travail servile et de l'oisiveté, et celui du gaspillage. Si chacun fabrique ce dont il a besoin pour vivre, il ne produit rien d'inutile ou de stupide. C'est dans ces conditions seulement que les progrès de la production, c'est-à-dire la libération à l'égard de la nature, de sa dureté et de ses éventuels « caprices », sont réellement positifs. Dans le cas contraire, les travailleurs sont au service d'un accaparement des biens naturels et du travail humain, ils servent à détruire la nature et à soumettre les hommes à une forme nouvelle de dépendance à l'égard des propriétaires des moyens de production. La bataille idéologique porte sur la valeur du travail et sur sa fin. Doit-on travailler pour le gain et l'épanouissement qu'on peut en tirer ? Ou le travail est-il, dans la continuité de la malédiction biblique, ce à quoi la classe la plus nombreuse est destinée à être soumise ?

La civilisation gaspille donc ses propres ressources et continuera à le faire aussi longtemps que durera le système actuel. Telle est, en termes crus, la description que l'on peut faire de la tyrannie qu'il nous faut endurer. Tâchons alors de comprendre ce que ces termes signifient.

Il y a, dans le monde, une quantité donnée de matières et de forces naturelles et, chez les hommes, une quantité donnée de force de travail. Pour répondre à leurs besoins et à leurs désirs, les hommes se sont acharnés depuis des millénaires à dompter les forces de la nature et à fabriquer les matériaux naturels qui leur étaient utiles. À nos yeux, puisque le futur nous demeure caché, cette lutte contre la nature semble presque achevée et la victoire de l'espèce humaine presque complète. Et si on tourne notre regard vers les premiers temps de l'histoire, on constate que les progrès, dans cette lutte, ont été infiniment plus rapides et plus étonnants au cours des deux cents dernières années que durant toute la période précédente. Aussi devrions-nous sans doute, nous autres modernes, être beaucoup mieux lotis, et ce, en tout point, que tous ceux qui nous ont devancés. Nous devrions tous être assurément plus riches, mieux dotés de toutes ces bonnes choses que nous vaut notre victoire sur la nature.

Or, que nous montre la réalité ? Qui ose contester que les hommes civilisés, dans leur grande masse, sont pauvres ? Tellement pauvres qu'il serait puéril de chercher à savoir si, d'une manière ou d'une autre, ils ne seraient pas un peu mieux lotis que leurs ancêtres. Ils sont pauvres et leur pauvreté ne saurait être comparée à celle du sauvage sans ressources, car celui-ci n'a jamais connu autre chose que la pauvreté. La faim, l'absence de logement, la saleté, l'ignorance, tout cela lui est aussi naturel que la peau sur ses os. La civilisation, elle, a fait naître chez nous, chez la majorité d'entre nous, des désirs qu'elle nous interdit de satisfaire ; elle n'est donc pas seulement avare, elle est aussi cruelle.

De même que les fruits de notre victoire sur la nature nous ont été ôtés, l'obligation que nous faisait la nature de travailler dans l'espoir du repos, du gain et du plaisir s'est transformée en obligation faite par l'homme de travailler dans l'espoir… de vivre pour travailler !

Que pouvons-nous faire ? Pouvons-nous y remédier ?

Rappelons encore que la nature n'a pas été vaincue par nos ancêtres éloignés, mais par nos pères, que dis-je, par nous-mêmes. Il y aurait donc quelque chose d'étrangement absurde à ce que nous nous retrouvions maintenant impuissants et privés de toute perspective. Mais nous pouvons y remédier, soyez-en certains.

Quelle est la première chose à faire ?

Nous avons vu que la société moderne est divisée en deux classes, l'une ayant le *privilège* de vivre du travail de l'autre – c'est-à-dire qu'elle contraint l'autre à travailler pour elle, qu'elle prend à cette classe inférieure tout ce qu'elle *peut* lui prendre et qu'elle utilise la richesse ainsi dérobée pour maintenir ses propres membres dans une position de supériorité, pour en faire des êtres d'un ordre plus élevé que les autres : des êtres qui vivent plus longtemps, sont plus beaux, plus honorables et plus raffinés que ceux de l'autre classe. Je ne suis pas en train de dire que cette classe se soucie, *dans l'absolu*, que ses membres vivent longtemps, soient beaux et raffinés, je fais tout juste remarquer qu'elle s'en soucie relativement à la classe inférieure. En outre, elle est incapable d'employer comme il faudrait la force de travail de la classe inférieure, afin de produire de vraies richesses ; elle disperse cette force à tout vent dans la production de pacotilles.

C'est ce vol et ce gaspillage par une minorité qui maintiennent la majorité dans la pauvreté. S'il pouvait être démontré que la soumission à cet ordre des choses est nécessaire à la préservation de la société, il n'y aurait pas grand-chose à ajouter, à part que le désespoir de la majorité opprimée finirait à un moment ou à un autre par détruire la société. Mais il a été prouvé au contraire, à travers des expériences aussi partielles que celle de la (soi-disant) coopération[1], que l'existence d'une classe

1. William Morris fait sans doute ici allusion au mouvement coopératif et aux pratiques de l'économie sociale qui émergèrent en Europe – et notamment en Angleterre – au XIXe siècle, et dont l'une des principales figures fut le Gallois Robert Owen (1771-1858) [*NdT*].

privilégiée n'est en rien nécessaire à la production de la richesse, qu'elle sert bien plutôt au « gouvernement » des producteurs de richesses, c'est-à-dire au maintien des privilèges.

La première mesure à prendre est donc d'abolir cette classe qui a le privilège de pouvoir se dérober aux obligations qui lui incombent en tant que fraction de l'humanité tout en contraignant les autres à faire le travail qu'elle refuse de faire. Tout le monde doit travailler selon ses capacités et produire ce qu'il consomme. En d'autres termes, chaque homme doit travailler de son mieux pour assurer ses propres moyens d'existence, et ces moyens, à savoir tous les avantages qu'une société peut procurer à tous et à chacun de ses membres, devraient lui être garantis.

C'est à ce prix qu'une vraie société pourra enfin être fondée. Elle reposera sur l'égalité de condition. Aucun homme n'aura à souffrir pour le profit d'un autre. Mieux : aucun homme n'aura à souffrir pour le profit de la société. Un ordre qui n'aurait pas pour raison d'être de profiter à chacun de ses membres ne mériterait d'ailleurs pas le nom de société.

Extrait tiré de William Morris (1884), « Travail utile et vaine besogne », in *La civilisation et le travail*, Neuvy-en-Champagne, le passager clandestin, 2013, p. 39-42.

LE BONHEUR EN SOCIÉTÉ

William Morris devait donner cette conférence devant la section de la Socialist League de Hammersmith le 13 novembre 1887, mais il y eut ce jour de très grandes manifestations durement réprimées (on qualifia cette journée de « dimanche sanglant »). La conférence fut reportée d'une semaine et publiée dans The Commonweal, *la revue hebdomadaire de la ligue.*

Dans ce texte, Morris décrit son idéal de société. Il esquive la question des moyens d'y parvenir (« Je me permets de passer sur la période de transition »), pour être plus libre d'expliciter ce qui doit être au cœur d'une société humaine en rupture avec le capitalisme, son lot de malheurs et ses absurdités (« La faim ou la misère de milliers de personnes ne seront plus liées aux caprices du marché »). Pour l'auteur, le changement viendra quand les hommes désireront un monde nouveau qu'ils croiront possible (« Une fois que notre conviction en la régénération du monde sera établie »). Sobriété, autonomie, culture, créativité, tels sont les maîtres mots de cette société nouvelle.

Nous savons plus ou moins quelle voie empruntera le monde dans un futur proche : le cours de l'histoire passée nous l'enseigne. Nous savons en outre que le monde ne peut pas revenir sur ses pas et que les hommes, dans la nouvelle société, développeront promptement leur corps et leur esprit ; dans l'ensemble, ils rempliront leurs devoirs envers la communauté bien mieux que ne l'ont fait les générations précédentes. Ils ressentiront davantage la nécessité de s'associer dans leur travail et dans leur vie en général. L'amélioration des conditions matérielles qu'entraînera un travail libre laissera à tous plus de loisirs et plus de temps pour penser. Les tentations ayant changé, le nombre de crimes diminuera. Enfin, le développement du bien-être et de l'éducation nous délivrera progressivement de nos maux, tant corporels que spirituels. En bref, nous savons que le monde ne peut progresser dans les domaines de la justice, de l'honnêteté et de la bienveillance sans que ne s'améliore l'ensemble des conditions matérielles d'existence. [...]

Il me faut bien supposer, pour commencer, que la réalisation du socialisme tendra à rendre les hommes heureux. Mais qu'est-ce qui rend les hommes heureux ? Une vie pleine, libre, et la conscience de cette vie. Ou encore employer agréablement notre énergie et jouir du repos que sa dépense nécessite. Voilà ce que j'entends par bonheur pour tous ; cette définition couvre toutes les différences de tempérament et d'aptitude, des plus énergiques aux plus paresseux.

Tout ce qui entrave la liberté et la plénitude de la vie, quelque séduisante qu'en soit l'apparence, est mauvais ; on doit s'en débarrasser aussi vite que possible. Les hommes sensés, ceux bien sûr qui souhaitent être heureux, se doivent de ne pas l'endurer.

Voilà de ma part un aveu qui, je le crains, révèle un esprit bien peu scientifique. Il suggère que les hommes usent de leur libre arbitre, ce que réfute, me semble-t-il, la science la plus récente. Mais, rassurez-vous, je ne vais pas entrer dans la polémique à propos du libre arbitre et de la prédestination. Je veux seulement montrer que si l'homme est le produit des conditions extérieures, comme je le pense intimement, il doit être de son ressort en tant qu'animal social (ou de celui de la société, si vous préférez) de créer le milieu qui fait de lui ce qu'il est. L'homme crée et doit créer ses conditions de vie : qu'il en soit donc conscient et qu'il les crée à bon escient.

A-t-il agi ainsi jusqu'à présent ? Je crois qu'il a essayé, mais seulement avec un succès limité et d'ailleurs sporadique. Cependant, il est fier des résultats de ce succès qu'il appelle civilisation. De longues discussions sur ses bienfaits ou ses méfaits ont eu cours parmi des gens d'opinions variées. Dans son excellent article sur le sujet, notre ami Bax[1] a, je crois, bien replacé le débat sur sa vraie base,

---

1. Ernest Bax (1854-1926), un des premiers théoriciens marxistes anglais, est un des fondateurs de la Socialist League, dont il cosigne le *Manifeste* avec William Morris en 1885 (cf. supra, Le gaspillage).

en démontrant que la civilisation était bonne en tant qu'étape, mais mauvaise en tant que fin. C'est dans ce sens-là que je me déclare ennemi de la civilisation. Et puisque nous en sommes au chapitre des confessions, je vous dirai que ce qui motive particulièrement mon engagement comme socialiste est cette haine de la civilisation. Mon idéal d'une nouvelle société ne pourra être réalisé sans la destruction de la civilisation.

Car, si le bonheur consiste à jouir de l'emploi de notre énergie et du repos nécessaire, il me semble que la civilisation, considérée d'un point de vue statique (selon les termes de Bax), tend à nous interdire ces jouissances : elle réduit l'homme, privé de volonté, au rang de machine et lui retire progressivement, avec ses fonctions animales (à l'exception des plus élémentaires), le plaisir qu'il prenait à les remplir. L'homme de l'avenir semble devoir se réduire à une panse dotée d'intelligence, formée par des circonstances sur lesquelles il n'a aucun contrôle, et à qui manque la faculté de communiquer les résultats de sa réflexion aux autres panses, ses congénères.

La société de l'avenir, telle que j'en conçois l'idéal, se caractérise d'abord par le règne et le développement de la liberté et de la volonté individuelles, que la civilisation ignore et même combat ; ensuite, par la fin de cet esclavage qui nous rend dépendants, non pas des autres hommes, mais de systèmes artificiels conçus pour éviter aux individus toute peine et toute responsabilité humaines. Et, afin de renforcer cette volonté chez les humains, j'exige avant tout qu'ils mènent une vie animale libre et sans entraves ; j'exige la suppression totale de tout ascétisme. Si nous nous sentons le moins du monde avilis lorsque nous sommes amoureux, ou joyeux, ou affamés, ou fatigués, c'est que nous sommes des animaux inférieurs et donc des hommes misérables. La civilisation nous pousse à avoir honte de tels actes ou de tels sentiments et nous demande autant que possible de les cacher ou, sinon, de trouver d'autres personnes pour se substituer à nous. En réalité, il me semble qu'on pourrait définir la civilisation comme un système organisé de façon à réserver à une minorité privilégiée l'exercice par procuration des facultés humaines.

Cette exigence concernant la suppression de l'ascétisme en entraîne cependant une autre : la suppression du luxe. Cela vous semble peut-être paradoxal ? Pourtant ça ne l'est pas. Qu'apporte le luxe, si ce n'est une insatisfaction malsaine à l'égard des joies simples prodiguées par notre douce terre ? Le luxe n'est que la distorsion de la beauté naturelle des choses en une laideur perverse, apte à satisfaire l'appétit blasé d'un homme qui n'en est plus un, puisqu'il ne travaille plus ni ne se repose. Dois-je vous rappeler ce que le luxe a apporté à l'Europe moderne ? Il a couvert les prés verts et riants de taudis pour esclaves ; il a détruit les fleurs et les arbres avec ses gaz empoisonnés ; il a transformé les rivières en égouts, à tel point qu'en de nombreux endroits d'Angleterre les gens ont oublié à quoi ressemblaient un champ ou une fleur ; leur idée de la beauté est un débit de boissons au décor clinquant et à l'atmosphère viciée, ou encore un théâtre à la vulgarité tapageuse. La civilisation s'en satisfait et n'en a cure. Le riche, lui, pense : « Tout va bien ; le peuple est maintenant habitué à cela et, tant qu'il se contente de se remplir la bedaine de gruau à cochons, cela suffit. » Et à quoi tout cela lui sert-il ? À commander de magnifiques portraits, à se faire construire de beaux édifices et réciter de bons poèmes ? Oh, que non. Ce sont des créations antérieures au luxe, antérieures à la civilisation. Le luxe produit plutôt les clubs de Pall Mall, tout capitonnés et comme destinés au repos de dames délicates et maladives, mais qui sont pour l'agrément de graves messieurs à favoris venant papoter dans ces ridicules bonbonnières ; si bien que les laquais en livrée chamarrée sont ici plus honorables que ceux qu'ils servent. Je m'en tiendrai là : un seul de ces grands clubs est assez représentatif de ce qu'est le luxe.

Je m'étends, voyez-vous, sur le sujet du luxe, l'ennemi réel du plaisir, parce que je m'oppose à ce que les travailleurs considèrent, ne serait-ce qu'un instant, un club huppé comme quelque chose de désirable. Je sais la difficulté qu'ils ont à regarder, du fait de leur pauvreté et de leur misère, en direction d'une vie de plaisir authentique et humain. Mais je leur demande de réfléchir à la bonne vie à venir, qui ressemblera aussi peu que possible à la vie actuelle des riches, car celle-ci, ne représentant que l'envers de leur condition sordide, étant ainsi la cause de leur misère, ne peut rien avoir d'enviable ni de souhaitable. Si nos adversaires vous demandent comment nous pourrons procurer une vie luxueuse à ceux qui vivront dans une société socialiste, répondez avec vigueur : « Il n'en est pas question, et nous nous en moquons éperdument ; nous n'en voulons pas et nous n'en aurons pas ! » Je suis bien certain que lorsque l'humanité sera libre nous ne vivrons pas dans le luxe. Assurément, la vie comme les plaisirs d'hommes libres doivent être simples. Si nous frémissons devant cette nécessité aujourd'hui, c'est que nous ne sommes pas libres et que nous avons engoncé nos vies dans un système de dépendance tel qu'il nous a rendus fragiles et impuissants. Savez-vous ce qu'est la simplicité ? Pensez-vous par hasard que je fasse allusion à un alignement de maisons de briques jaunes, à couverture d'ardoises, ou à un phalanstère ressemblant à une pension, genre Peabody[1] amélioré ? À la cloche du dîner qui vous convie devant la rangée de bols de bouillon en porcelaine blanche, à une jolie tranche de pain coupée au carré, à une tasse de thé réchauffé, accompagnée d'un mauvais gâteau de riz pour finir ? Non, tout cela, c'est l'idéal du philanthrope, pas le mien. Je le rapporte

1. George Peabody (1795-1869), homme d'affaires et philanthrope américain, est à l'initiative de plusieurs institutions culturelles (musées) et éducatives.

ici pour le dénoncer et dire qu'il s'agit, une fois de plus, d'un succédané de vie et que le plaisir en est absent. Je le rejette. Trouvez ce que vous aimez et pratiquez-le, vous ne serez pas isolés et vous trouverez sans peine de l'aide pour réaliser vos désirs. En développant vos goûts personnels, vous développerez la vie sociale.

Ainsi, mon idéal se définit d'abord par une vie simple et naturelle, mais aussi sans contraintes. Il faut commencer par être libre pour pouvoir ensuite tirer plaisir de toutes les circonstances de la vie, puisque, dans une société libre, chacun devra abattre sa part de travail. Voilà qui est totalement opposé à la civilisation qui décrète : « Évitez les peines », ce qui implique que les autres vivent à votre place. Je dis, et les socialistes ont le devoir de le dire : « Prenez la peine et transformez-la en plaisir. » Telle est, je n'en démordrai pas, la clé du bonheur. […]

Quant aux activités humaines, elles ne seront pas assujetties à la même division du travail qu'à présent ; les domestiques, les égoutiers, les tueurs des abattoirs, les préposés des postes, les cireurs, les coiffeurs, etc., disparaîtront. Nous ferons de ces activités des tâches plaisantes, accomplies par nous-mêmes, ou bien par d'autres, sur le mode du volontariat ; sinon, il nous faudra y renoncer définitivement. De nombreux métiers éprouvants seront supprimés : nous n'apposerons pas de motif sur un tissu ni ne modèlerons une anse de cruche pour les commercialiser, mais afin de les enjoliver ou de nous divertir. Si nous fabriquons des objets de qualité grossière ou médiocre, ce sera pour remplir certaines fonctions concrètes et non pour les vendre : car la disparition des esclaves entraînera celle des objets dont seuls les esclaves ont besoin. Les machines auront probablement atteint largement leur objectif en permettant aux travailleurs d'abolir les privilèges et, à mon avis, leur nombre diminuera beaucoup. Parmi les plus importantes, certaines machines seront considérablement perfectionnées tandis que la plupart deviendront inutiles. Et, puisque presque tout le monde aura le choix, selon son désir, de s'en servir ou non, si par exemple nous décidons de voyager, nous ne serons pas contraints comme aujourd'hui d'emprunter les chemins de fer pour le seul bénéfice de leurs propriétaires, mais nous pourrons satisfaire nos inclinations personnelles et cheminer dans un chariot bâché ou à dos d'âne.

D'autre part, les concentrations de population auront atteint leur but, qui était de permettre aux gens de mieux communiquer entre eux et aux travailleurs de tisser des liens de solidarité : elles cesseront d'exister à leur tour. Les immenses quartiers industriels seront démolis et la nature cicatrisera les plaies qu'ont créées l'avidité insouciante et la stupide terreur des hommes. En effet, ce ne sera plus la terrible nécessité qui déterminera que le tissage du coton coûte un quart de penny de moins cette année que l'an passé. De notre propre gré, nous déciderons de travailler ou non une demi-heure supplémentaire par jour afin de jouir de maisons avenantes et de verts paysages. La faim ou la misère de milliers de personnes ne seront plus liées aux caprices du marché, où s'échangent des marchandises qui ne valent même pas la peine d'être fabriquées. Bien sûr (j'aurais dû le mentionner auparavant), de nombreux travaux d'ornement seront exécutés en privé et sans inconvénient par chacun, pendant les heures de loisir : en effet, la réalisation d'œuvres d'art requiert moins d'ingéniosité que n'en nécessite la conception d'une machine fabriquant des ersatz. Il va enfin de soi que les centres de l'escroquerie et du larbinisme, comme le tas de fumier où se trouvent nos demeures (je veux parler de Londres), pourraient encore plus aisément disparaître ; quelques villages agréables le long de la Tamise remplaceraient ainsi avantageusement cette folie absurde autrefois appelée Londres.

Voyons maintenant ce que pourrait être dans l'avenir l'enseignement, aujourd'hui totalement soumis au commerce et à la politique. Personne n'est éduqué pour devenir un homme, mais certains le sont pour détenir la propriété et d'autres pour la servir. Il faut là aussi un changement révolutionnaire, celui qu'impose une vie simple, mais sans ascétisme. Nous devons également, dans ce domaine, nous débarrasser de la néfaste division du travail. Chacun devrait savoir nager, monter à cheval, piloter un bateau sur une rivière ou sur les mers. Plutôt que des activités artistiques, ce sont de simples exercices corporels qui devraient entrer dans les mœurs de l'espèce humaine, ainsi qu'un ou deux arts élémentaires, comme la charpente ou la ferronnerie. La plupart des gens devraient savoir ferrer un cheval, tondre un mouton, moissonner un champ, le labourer avec une charrue (car je crois que nous renoncerons assez vite aux machines agricoles lorsque nous serons libres). Je pense à d'autres activités encore comme cuisiner, boulanger, coudre, etc., que chaque individu sensé peut apprendre en quelques heures et devrait parfaitement maîtriser. Tous ces arts élémentaires doivent entrer dans les mœurs, tout comme l'art d'écrire, de lire, ainsi que celui de réfléchir, qui, à ma connaissance, n'est encore enseigné aujourd'hui ni à l'école ni à l'université.

Extraits tirés de William Morris (1887),
« La société de l'avenir », in *L'âge de l'ersatz et autres textes contre la civilisation moderne*, trad. Olivier Barancy,
éditions de l'Encyclopédie des nuisances, 1996, p. 60-72.

CONTRE LE MACHINISME, LA NATURE RETROUVÉE

Dans ce dernier extrait de Nouvelles de nulle part, *les interlocuteurs discutent du recours aux machines et de leur faculté d'alléger le travail humain. Ce passage est intéressant parce que Morris y critique les formes dissimulées de l'esclavage, au-delà de sa forme juridique à proprement parler. Un ouvrier attaché à une machine est un esclave, la nature qu'on soumet à la machine est une esclave. La rupture avec le modèle cartésien de la domination de la nature (« Nous rendre comme maîtres et possesseurs de la nature. Ce qui n'est pas seulement à désirer pour l'invention d'une infinité d'artifices, qui feraient qu'on jouirait, sans aucune peine, des fruits de la terre », René Descartes,* Discours de la méthode, *VI*[e] *partie, 1637) est patent. William Morris ouvre la voie à la pensée écologique : la nature ne doit pas être notre esclave (et notre époque a montré que sa maîtrise relève d'une illusion), d'autant plus que ce premier esclavage implique que des hommes sont les esclaves d'autres hommes ou de leurs machines.*

— Vous devez vous rappeler, dit le vieil archéologue, que le travail à la main ne fut pas le résultat de ce qu'on avait coutume d'appeler une nécessité matérielle ; au contraire, vers cette époque, on avait tellement perfectionné les machines qu'elles auraient presque pu faire tout le travail nécessaire, et, à la vérité, beaucoup de gens de cette époque, et d'avant cette époque, pensaient que la machine remplacerait totalement le travail manuel ; ce qui, à coup sûr, semblait selon toute apparence plus que probable. Mais il y avait une autre opinion, beaucoup moins logique, qui prévalait parmi les gens riches avant les jours de liberté, et qui mit quelque temps à disparaître après que la nouvelle époque eut commencé. Cette opinion qui, d'après tout ce que j'ai pu savoir, leur paraissait alors aussi naturelle qu'elle nous paraît aujourd'hui absurde, était que, tandis que les besognes de la vie quotidienne dans le monde seraient entièrement faites automatiquement par les machines, les énergies des éléments les plus intelligents de l'humanité se trouveraient libérées pour cultiver les formes supérieures des arts, de même que pour se consacrer à la science et à l'étude de l'histoire. Chose étrange, n'est-ce pas, qu'on ait pu si peu tenir compte de ce désir d'une complète égalité, que nous reconnaissons aujourd'hui comme le ciment de toute société humaine heureuse.

Je ne répondis rien, mais n'en pensai pas moins. Dick prit un air pensif et dit :

— Étrange, voisin ? Ma foi, je n'en suis pas si sûr. J'ai souvent entendu dire par mon vieil aïeul que la seule idée qui fût universellement répandue avant notre temps était que le travail est une chose à éviter, ou du moins c'était ce qu'on croyait. Aussi, naturellement, le travail que leur imposaient les exigences de la vie quotidienne était bien plus conforme à leur idée du travail que les tâches qu'ils s'imaginaient faire de leur propre gré.

— C'est assez vrai, dit Morsom. En tout cas, ils ne tardèrent pas à découvrir leur erreur, et à découvrir que seuls les esclaves et les propriétaires d'esclaves pouvaient vivre en se contentant de faire marcher des machines.

Clara ici intervint, rougissant légèrement comme elle parlait :

— Cette erreur n'était-elle pas, ici encore, le fruit de cette vie d'esclavage qu'ils avaient menée ? Une vie qui regardait toutes les choses, animées ou inanimées, à l'exception de l'humanité – la « nature », disait-on –, comme une chose, et les hommes comme une autre. Il était naturel, pour des gens qui pensaient ainsi, de s'efforcer de réduire la « nature » en esclavage, puisqu'ils croyaient que la « nature » était une chose distincte d'eux-mêmes.

— C'est certain, dit Morsom ; et ils étaient fort embarrassés de savoir ce qu'ils allaient faire, jusqu'au jour où ils s'aperçurent que le sentiment d'hostilité à l'égard d'une vie mécanisée, sentiment qui avait pris naissance avant la Grande Transformation parmi ceux qui avaient le loisir de réfléchir à ces choses, se répandait insensiblement ; si bien que, finalement, sous le masque du plaisir qui n'était pas censé être du travail, le travail qui était du plaisir commença à repousser le labeur mécanique qu'on avait espéré autrefois tout au plus circonscrire, mais non pas supprimer totalement ; et auquel on s'aperçut en outre qu'il était impossible d'assigner certaines limites, comme on avait espéré pouvoir le faire.

Extrait tiré de William Morris (1890), *Nouvelles de nulle part*, Montreuil, L'altiplano, 2009, p. 424-427.

POUR ALLER PLUS LOIN

Les œuvres de William Morris sont éditées en anglais en vingt-quatre volumes. En français, peu de textes sont disponibles : certaines de ses œuvres littéraires, quelques articles. Mais ces textes sont importants, en particulier son roman le plus connu, *Nouvelles de nulle part*. La dizaine d'ouvrages accessibles au lecteur francophone fournira donc un aperçu fort stimulant de l'œuvre de l'artisan et révolutionnaire britannique. On pourra ajouter à cela quelques livres reproduisant ses plus beaux papiers peints, art dans lequel il excellait à rendre la profusion et la beauté de la nature végétale.

Recueil d'articles et de conférences

Contre l'art d'élite, Hermann, 1985.

L'âge de l'ersatz et autres textes contre la civilisation moderne, éditions de l'Encyclopédie des nuisances, 1996.

L'art et l'artisanat, Rivages, 2011.

Comment nous pourrions vivre, Rivages, 2013.

La civilisation et le travail, le passager clandestin, 2013.

Romans

La défense de Guenièvre, Libertalia, 2021.

Nouvelles de nulle part ou une ère de repos, L'Altiplano, 2009.

Un rêve de John Ball, Aux forges de Vulcain, 2022.

Le pays creux, Aux forges de Vulcain, 2022.

Œuvres plastiques

Jan Marsh, *William Morris and Red House,* Swindon (Angleterre), National Trust Book, 2005.

Commentaires

Charlotte et Peter Fiell, *William Morris,* Taschen, 1999

Sylvette Botella-Gaudichon, *William Morris. L'art dans tout,* Snoeck, 2022.

À voir

Rufu, *Arts & Crafts – Quand l'Angleterre avait un coup d'avance en matière d'art décoratif,* 7 avril 2021, disponible sur youtube.com, 7 min.

Harry Rogers, *The Red House – Philip Webb and William Morris,* 30 janvier 2014, disponible sur youtube.com, 7 min. (en anglais).

À écouter

« Art nouveau : le beau pour chacun », dans *Et maintenant ? L'invité(e) des matins du samedi,* France Culture, 26 novembre 2022, 18 min.

Florent Bussy, né en 1972, est professeur de philosophie en lycée en Normandie. Il milite pour l'écologie politique au sein du conseil municipal de la ville de Dieppe (Seine-Maritime), en tant qu'élu en charge de l'économie sociale et solidaire. Il a écrit plusieurs livres dont *Le vertige de l'illimité. Société de consommation et mythe de la démesure* (Robert Laffont) et *Alternatives. Choisir pour ne pas subir* (Utopia).

TABLE DES MATIÈRES

DANS LA MÊME COLLECTION

Günther Anders et nos catastrophes
par Florent Bussy

James Graham Ballard et le cauchemar consumériste
par Thierry Paquot

Jean Baudrillard ou la subversion par l'ironie
par Serge Latouche

Walter Benjamin et la tempête du progrès
par Agnès Sinaï

Murray Bookchin et l'écologie sociale libertaire
par Vincent Gerber et Floréal Romero

Cornelius Castoriadis et l'autonomie radicale
par Serge Latouche

Edward Carpenter et l'autre nature
par Cy Lecerf Maulpoix

Bernard Charbonneau ou la critique du développement exponentiel
par Daniel Cérézuelle

Alexandre Chayanov pour un socialisme paysan
par Renaud Garcia

Lanza del Vasto ou l'expérimentation communautaire
par Frédéric Rognon

Diogène et les cyniques ou la liberté dans la vie simple
par Étienne Helmer

Françoise d'Eaubonne et l'écoféminisme
par Caroline Goldblum

Jacques Ellul contre le totalitarisme technicien
par Serge Latouche

Épicure et l'économie du bonheur
par Étienne Helmer

Charles Fourier ou la pensée en contre-marche
par Chantal Guillaume

Nicholas Georgescu-Roegen et la bioéconomie
par Sylvie Ferrari

Jean Giono pour une révolution à hauteur d'homme
par Édouard Schaelchli

André Gorz et l'écosocialisme
par Françoise Gollain

Gravelle, Zisly et les anarchistes naturiens contre la civilisation industrielle
par François Jarrige

Ivan Illich et la société conviviale
par Thierry Paquot

Pierre Kropotkine et l'économie par l'entraide
par Renaud Garcia

Lao-tseu et les taoïstes ou la recherche d'une vie harmonieuse
par Claude Llena

John Stuart Mill et les conditions de la liberté
par Camille Dejardin

Serge Moscovici ou l'écologie subversive
par Stéphane Lavignotte

Lewis Mumford pour une juste plénitude
par Thierry Paquot

George Orwell et la vie ordinaire
par Stéphane Leménorel

Karl Polanyi et l'imaginaire économique
par Nadjib Abdelkader, Jérôme Maucourant et Sébastien Plociniczak

Theodore Roszak vers une écopsychologie libératrice
par Mohammed Taleb

Jean-Jacques Rousseau et la vie simple
par Cécile Hellian

Rabindranath Tagore et le règne de la Machine
par Mohammed Taleb

Léon Tolstoï contre le fantasme de toute-puissance
par Renaud Garcia

Simone Weil et l'expérience de la nécessité
par Geneviève Azam et Françoise Valon

Ce livre a été imprimé en France par les imprimeries Corlet sur un papier certifié PEFC provenant de forêts gérées de façon durable et sous le label Imprim'Vert, qui garantit des pratiques respectueuses de l'environnement au sein de l'imprimerie. Nos publications sont diffusées par Harmonia Mundi, diffuseur et distributeur indépendant situé à Arles. Le passager clandestin est une Scop (société coopérative et participative) qui réunit trois éditrices. Ce livre est le résultat de leur travail organisé de manière collaborative, horizontale et joyeuse entre l'Ardèche, le Morbihan et le 18e arrondissement parisien.

IMPRIMÉ EN FRANCE

Dépôt légal : 3e trimestre 2023
Achevé d'imprimer en juin 2023
sur les presses de l'imprimerie Corlet

Numéro d'impression : 23050008
ISSN : 2268-3917
ISBN : 978-2-36935-353-9